CIO
CODEX

Editor: Antonio Muniz
Revisão Editorial: Fernanda Reis
Revisão Técnica: Júnior Rodrigues
Operação Editorial: Monaliza Rosario
Editoração Eletrônica: Rinaldo Mickus e Gleyce Roberta
Capa: Rinaldo Mickus e Danielle De Santis



**Dados Internacionais de Catalogação na Publicação (CIP)**
**(Câmara Brasileira do Livro, SP, Brasil)**

Santis, Arthur De
CIO Codex : a jornada de um framework de tecnologia e seu criador / Arthur De Santis. -- Rio de Janeiro : Brasport Livros e Multimídia, 2024.

Bibliografia.
ISBN 978-65-6096-028-2

1. 1. Framework (Programa de computador) 2. Histórias de vida 3. Sucesso nos negócios 4. Tecnologia da informação I. Título.

24-224698 CDD-658.4038

**Índices para catálogo sistemático:**

1. Tecnologia da informação : Administração 658.4038

Eliane de Freitas Leite - Bibliotecária - CRB 8/8415

**BRASPORT Livros e Multimídia Ltda.**
Rua Washington Luís, 9, sobreloja – Centro
20230-900 Rio de Janeiro – RJ
Tel./Fax: (21) 2568 – 1415
e-mails: marketing@brasport.com.br
vendas@brasport.com.br
editorial@brasport.com.br
**www.brasport.com.br**

CIO CODEX

# A jornada de um framework de tecnologia e seu criador

**Arthur De Santis**

BRASPORT

São Paulo

# Sumário

# Prefácio

A elaboração de Planos Diretores de Tecnologia da Informação (PDTIs - ou Planos Estratégicos de TI) tem se tornado cada vez mais uma atividade complexa, tamanha é a penetração da TI no dia a dia das empresas e das pessoas e pela característica cibernética da TI, ou seja, é uma tecnologia de relação direta homem-máquina, envolvendo múltiplas tecnologias de *hardware* e *software (networking, data centers, cloud computing, dados analíticos, office computing*, etc.) e vários tipos de pessoas (usuários, clientes, desenvolvedores de software, analistas de negócio, fornecedores, etc.).

A lista é extensa e vai ficando cada vez maior com a explosão contínua de novas tecnologias (Inteligência Artificial, *Edge Computing, Low Code, Mobile Computing, Wearable Computing, Blockchain*, etc.) e respectivas ameaças de segurança.

Para guiar a elaboração de PDTIs neste oceano de complexidade cibernética, surgiram em meados dos anos 1980 os chamados Modelos Referenciais de Arquitetura Corporativa", destacando-se inicialmente o "*Zachman Framework*", seguido pelo TOGAF, NIST *Enterprise Architecture* e tantos outros.

Neste sentido, o conceito de "*framework*" enquanto ferramenta se revelou útil como guia para a elaboração de arquiteturas corporativas em PDTIs, a ponto de instituições governamentais em vários países terem criado seus próprios frameworks, tais como o Departamento de Defesa dos EUA (DoDAF), OTAN (NAF) e o Ministério de Defesa da Inglaterra (MODAF).

Atualmente, há mais de cinquenta frameworks de arquitetura corporativa disponíveis, que vêm servindo de insumo para a elaboração de arquiteturas corporativas nos mais variados ramos de negócio.

Entretanto, observa-se em todos eles uma característica comum: procuram sistematizar os diversos "recursos de TI", sejam eles, *hardware, software, networking*, processos, pessoas, etc., com ênfase na descrição de propriedades e interdependências, sem qualquer inferência sobre o real valor e real maturidade de tais tecnologias.

Como resultado, os PDTIs elaborados a partir destes frameworks resultam invariavelmente em soluções sofisticadas, abusando da utilização de tecnologias pioneiras, sem qualquer questionamento dos riscos, a partir de estimativas excessivamente otimistas de benefícios concebidos por estrategistas entorpecidos pelo FOMO tecnológico (*Fear Of Missing Out*).

E os desastres estão aí para comprovar: migrações irresponsáveis para Public Cloud resultando em custos OPEX múltiplas vezes superior ao inicialmente previsto, problemas de performance e estabilidade em arquiteturas excessivamente distribuídas de microsserviços, baixa escalabilidade de aplicações *Low Code* utilizado de forma indiscriminada em processos de missão crítica, etc.

Por sua vez, o framework abordado neste livro, o CIO Codex, parte de um princípio socrático fundamental: o questionamento dos processos de negócio e respectivas tecnologias que os suportam, antes de definir soluções.

É o paradigma *Why-How-What*, sendo o "Why" exaustivamente empregado antes de embarcar na modernização tecnológica, de forma que este princípio fundamental é o resultado de mais de 15 anos de atuação do autor em projetos de estratégia de TI, envolvendo PDTIs para o setor público e também privado, com ênfase na indústria financeira (bancos, cooperativas de crédito, seguradoras e financeiras). Esta vasta experiência, aliada à implementação na prática das estratégias concebidas, permitiu ao autor filtrar os conceitos e técnicas que deram certo.

O CIO Codex Framework é também mais que um livro sobre framework de arquitetura corporativa. Nele o autor procurou condensar todos os aspectos cibernéticos que envolvem um ecossistema de TI, abordados no parágrafo inicial, muito além da tecnologia em si: cultura, pessoas (*stakeholders*), capacitação, processos (negócio e TI), metodologias de desenvolvimento, e tecnologias (tanto incumbentes quanto pioneiras).

É certamente um guia para que o leitor possa questionar e traçar um plano sólido e balanceado de TI, sem o deslumbramento FOMO, mas também se utilizando de forma responsável de inovações que levarão à diferenciação competitiva dos negócios.

Jair Merlo

MSc Software Engineering, MTA (Master Technology Architect)

# Dedicatória

Aos meus pais, Arthur e Marli, por toda a dedicação e carinho que tiveram na minha criação e pelas lições morais que ajudaram a moldar os meus valores e caráter.

À minha esposa, Fabiana e à minha filha, Stella, por toda inspiração e motivação para seguir evoluindo nessa jornada da vida cheia de descobertas, desafios e conquistas.

Aos grandes líderes e parceiros que tive ao longo de minha carreira, com quem aprendi a entender o tamanho da responsabilidade embutida dentro de cada decisão.

E por fim, mas não menos importante, a Deus, que me dá saúde para seguir correndo atrás de tudo e muito mais!

# Biografia

Arthur De Santis é um executivo com mais de 20 anos de atuação na indústria de serviços financeiros, com destaque para bancos, processadoras de cartões, adquirentes e seguradoras, atuando por empresas como IBM, Accenture, Santander e BNP Paribas Cardif.

Formou e liderou equipes ao longo de toda a cadeia de valor de Tecnologia da Informação, participando da entrega de inúmeras iniciativas transformacionais que exploraram temas como Arquitetura Corporativa, Engenharia de Soluções, Infraestrutura e Operações, Cibersegurança, Estratégia e Governança de TI.

Participante frequente de palestras e painéis com alta interação junto a uma audiência seletiva na plataforma LinkedIn, onde compartilha regularmente artigos e opiniões relativas a diversos tópicos como Estratégia, Transformação & Operação Digital, Tecnologia & Inovação, Tendências do Mercado, além de Insights sobre Pessoas, Liderança & Carreira.

Fundador do portal CIO Codex, o qual é abordado nesse livro, contribuindo com a criação de um *framework* completo e a publicação de inúmeros artigos no universo da tecnologia.

Graduado em Processamento de Dados pela UNESP, MBA Executivo pelo Insper, com extensões em AI pela Singularity University e FIAP, certificado em *PMP, SAFe, COBIT, ITIL e SRE*, além da formação em Conselheiro para Tecnologia pela Gonew.co.

# Introdução

Diferentemente do que costumo fazer há algum tempo no mundo das redes sociais, nesta obra eu me propus a falar não apenas de assuntos relacionados com a tecnologia e o mercado, mas também abordar alguns temas mais diversos e pessoais que o usual.

Espero que a partir dessa abordagem, assim como pelos eventos e passagens de vida que comentarei, seja possível me conectar com o leitor, pois acredito que muitos já passaram, passam ou ainda passarão por momentos de dúvidas ou desafios similares em suas vidas e carreiras.

Ainda assim, em geral, são passagens que se relacionam ou, pelo menos, tangenciam e explicam assuntos relacionados com o mundo de TI ao longo da minha trajetória de vida.

Por falar no próprio conceito de vida, ninguém argumenta que ela é curiosa e muitas vezes imprevisível, de forma que um conjunto de eventos e acontecimentos culminaram nesse momento, em que me pareceu fazer muito sentido falar sobre ela.

Neste sentido e em adição à minha história, publico aqui o resultado condensado desses diversos momentos que convergiram para a realização de um grande sonho, a criação e a publicação de um *framework* que visa ajudar a organizar e estruturar uma Área de Tecnologia, o CIO Codex Framework.

Quanto à organização deste livro, ele está dividido em 2 grandes partes, cada qual com os seus respectivos capítulos e subcapítulos, seguindo uma sequência lógica entre eles.

Na Parte I, conto um pouco sobre minha trajetória de vida e carreira, na seguinte ordem:

- **Minha saga até aqui:** neste capítulo conto sobre a minha trajetória ao longo dos anos até o momento. Muitas passagens pessoais, conexões com a vida profissional, relação com a tecnologia e, sempre que possível, destacando os links com o produto final do framework da Parte II.

- **Os componentes de uma catarse:** aqui comento muito do meu contexto atual, com grandes eventos, forças e respectivos impactos que convergiram em um momento pessoal de reflexão, que julgo serem úteis para outras pessoas poderem balancear sua vida pessoal e profissional.

- **A epifania de um propósito:** fechando a Parte I, comento sobre a grande conclusão, ou "revelação" de um propósito maior, que deu origem a uma série de conselhos, assim como uma grande ideia implementada a partir de uma nova iniciativa digital, que creio materializar o conceito de deixar um legado.

Por sua vez, na Parte II abordo de forma objetiva a estrutura macro do CIO Codex Framework, apresentando os principais tópicos da sua estrutura na seguinte ordem:

- **Porquê:** investiga a razão de ser da TI, enfatizando seu papel indispensável nas organizações como motor de inovação e transformação na nossa era digital.

- **Como:** explora os principais temas, tendências e práticas que capacitam a TI a ser bem-sucedida e a atingir a excelência operacional e estratégica.

- **O que:** descreve, em um modelo de referência, os ativos e competências que a TI deve possuir para estar apta a enfrentar os desafios do presente e do futuro.

Vale ressaltar que aqui estamos falando de um livro, sendo assim, existe sempre o limitante de "espaço" (enquanto volume de páginas), de forma que não foi possível colocar todo o conteúdo original num único volume.

Contudo, já deixo aqui um compromisso: me coloco à disposição para falar sobre a parte da minha trajetória em um bate-papo. Já para o *framework* de Tecnologia, mais de 10 mil páginas de detalhamento estão disponíveis no portal ciocodex.com para acesso direto.

Enfim, extrapolando e usando de certa liberdade artística, diria que este livro é como um ponto de confluência do meu passado, presente e futuro, algo na linha de um "multiverso" pessoal.

Espero que a leitura deste conteúdo seja interessante e útil para você, de forma que conto com o seu *feedback*, inclusive no portal on-line.

Parte I

CIO CODEX

# Uma grande jornada

Começarei pela minha saga, desde os primórdios até chegar ao período atual e contemporâneo em que escrevo esse conteúdo, entre o final de 2023 e início de 2024.

Sendo alguém que pode dizer que "acabou de voltar do futuro", uma vez que escrevo esse parágrafo aqui após ter finalizado todo o conteúdo, posso garantir que deu um pouco mais de trabalho e ficou mais extenso do que imaginava quando iniciei.

Para ser mais exato, a versão que vocês estão lendo tem cerca de 30% do tamanho da primeira versão escrita deste livro, afinal, ajustes e cortes se fizeram necessários no processo de edição.

Ainda assim, o resultado foi muito gratificante, afinal, faz parte dos sonhos de muitas pessoas (incluindo eu mesmo) poder escrever um livro, contar sua história e deixar algo para a posterioridade.

No meu caso, também destaco a oportunidade de estruturar e registrar tantas ideias que estavam apenas soltas em pensamentos dispersos.

Seguindo adiante e "começando pelo porquê", um princípio que será utilizado ao longo dessa obra, vale destacar algumas razões que me levaram a sentar e escrever esta obra:

1. Em primeiro lugar, o pontapé inicial se deu por ocasião de uma oportunidade na qual tive de participar de uma série de entrevistas. Acabei por relembrar muito da minha história e origens, refletindo bastante sobre a jornada que tive até aqui, a qual ficou registrada em um livro chamado "Por trás da TI", além da própria entrevista em si que ficou disponibilizada no YouTube. Esta seção de "*flashbacks*" trouxe à superfície

muitas lembranças, momentos e emoções que mereciam ser contados.

2. É muito comum as pessoas perguntarem sobre a minha história de vida e carreira, como vim parar em TI. Pode ser que outras pessoas se identifiquem e que esta obra tenha então algum significado para mais alguém. Daí a razão de eu ter buscado temperar muitas das passagens da minha saga com alguns aprendizados que, inclusive, se refletem no CIO Codex Framework.

3. A vida é um sopro, então me pareceu pertinente registrar a minha em alguma mídia mais perene do que a minha própria memória. Nunca se sabe o quão nítidas estarão nossas lembranças daqui a algum tempo, sem contar que sempre gostei do conceito de "cápsulas do tempo". Dado que a gente vai evoluindo ao longo dos anos, será muito divertido ler isso daqui 10, 20 ou 40 anos (assumindo que chegarei até lá) e avaliar o que e como eu pensava hoje, inclusive qual foi o valor efetivo do legado que visei deixar para as próximas gerações.

4. Nesta linha de legado, acredito que será interessante para minha filhinha (hoje com menos de 3 anos) ler este conteúdo no futuro distante e poder ter alguma ideia de qual foi a minha trajetória e as minhas ideias de uma forma contada diretamente por mim. Posso dizer que, pelo menos, eu gostaria muito de ter tido alguma oportunidade similar com meus pais. Seria sensacional hoje poder ler algo sobre eles, algo que eles mesmos tivessem escrito décadas atrás. Não posso mudar esse passado, mas posso escrever sobre o meu e fazer um futuro diferente para minha filha.

5. Fecho as razões pelo simples fato de ter tido o recurso que julgo ser o mais valioso na vida de qualquer pessoa: tempo disponível (em consonância com a saúde). Quando eu estava na escrita deste livro eu estava em um momento de transição

> de carreira, o qual foi uma oportunidade única que aproveitei da melhor forma possível, inclusive escrevendo esta obra e consolidando o próprio framework que ela apresenta. Afinal, eu não sabia se ou quando eu teria outra conjunção de fatores tão propícia para tal. Foi uma experiência muito divertida e que me trouxe um grande sentimento de realização e autoconhecimento, a partir da reflexão sobre quem sou e sobre o que eu penso. Isto me permitiu também deixar algumas dicas que espero que sejam úteis para pessoas que estão passando por um momento similar.

Voltando para a jornada em si, uma conclusão que posso tirar ao relembrar de toda essa trajetória é que trabalhar em TI não fazia parte do meu *script* original. Foi necessária uma série enorme de acontecimentos acidentais (ou no mínimo não planejados) para que eu chegasse na situação em que estou hoje, feliz e realizado, após mais de 20 anos atuando com tecnologia.

E essa trajetória "não linear" serve como uma primeira reflexão de que a vida é geralmente escrita por linhas tortas, mas que lá na frente, quando olhamos em retrospectiva para o passado, percebemos que tudo tinha sua razão e utilidade. Cabe a nós a sabedoria para capturar o aprendizado contido em cada situação.

CAPÍTULO 1

# Minha saga até aqui

Muitos dos fatos e marcos que vou comentar e narrar são acontecimentos com uma ou várias décadas de idade, então podem faltar eventuais detalhes.

Até porque, se eu fosse esmiuçar todos os acontecimentos nos mínimos detalhes, o conteúdo final seria muito maior, algo provavelmente inadequado para o objetivo desta obra.

Fora isso, vale considerar que, ao narrar eventos pessoais, é difícil evitar ou filtrar um certo viés igualmente pessoal, afinal, existe toda uma memória afetiva e um relacionamento íntimo com os fatos relatados.

Ainda assim, evitei a tendência de narrar fatos com um viés heroico ou épico, fazendo o melhor para trazer uma narrativa sob a perspectiva o mais próximo possível de um olhar neutro.

Sendo assim, nas próximas páginas você poderá conhecer um pouco mais da minha trajetória com muitos *links* diretos com as crenças e valores que, posteriormente, se refletem no CIO Codex Framework.

Acredito que toda essa história, quando considerada integralmente ou mesmo em partes, de maneira consciente e inconsciente, forjou quem sou hoje e segue influenciando como penso, decido e atuo.

## Ato I – Primeiros passos

Tudo começa em São Paulo – SP, mais precisamente na Vila Maria, Zona Norte da Capital, onde nasci no final dos anos 1970, o que me faz integrante da Geração X, embora já existam teorias que apontem para a "Geração Xennial", uma mescla entre a X e a Millenial.

Como muitos descendentes de italianos, sou apaixonado por lá, o que se reflete em todo um pacote agregado de gostos e realizações, como a alegria de conseguir a cidadania, a torcida para o Palmeiras e pela Ferrari, a predileção pelos carros italianos e até pela música da "bota".

Contudo, ao menos nesse último quesito, eu evoluí com o passar dos anos e fui então apresentado ao que considero ser o ápice do desenvolvimento musical humano: o *Heavy Metal* tradicional e melódico (considero o Iron Maiden como seu maior expoente).

A prática da corrida é um dos meus principais *hobbies*. Esta prática funciona perfeitamente como válvula de escape para desestressar e, ao mesmo tempo, serve para colocar as ideias no lugar em um momento diário de reflexão pessoal e, como um bom representante de TI, mantenho um *log* com todas minhas corridas desde 2010.

Adoro me manter atualizado nas principais tendências, tanto do mundo corporativo quanto da tecnologia e adoro investir entre meia e uma hora por dia lendo *newsletters*, artigos e notícias.

Considero fundamental usar este tempo diário para sair da "caixa de eco" em que usualmente vivemos dentro das nossas empresas, oxigenando ideias e conceitos, algo que, fazendo um "fast-forward" lá para a Parte II do livro, se reflete em diversos aspectos do CIO Codex Framework.

Isto ocorre notadamente na parte central do "How", enquanto grandes temas essenciais para o sucesso de uma área de tecnologia, ou ainda no modelo de referência de *capabilities* no "What", enquanto acontece a busca pela visão atualizada de mercado.

Voltando à história e falando especificamente do mundo de tecnologia, tive o privilégio de testemunhar de forma bastante "ativa" o quanto o mundo mudou ao longo dos últimos anos, saindo do "desktop only", "*mobile also*", "*mobile first*" e agora o quase "*mobile only*".

E dentro dessa linha *mobile*, fui um usuário fiel do Windows Phone até "quase o fim", abandonando a plataforma quando a própria Microsoft anunciou o final do suporte oficial.

Também usei Apple iOS, mas desde que me tornei um usuário Samsung Android, voltei a acompanhar atentamente as novidades e estou bastante entusiasmado com os avanços em AI nesta área. O mundo não será mais o mesmo nesta próxima década.

Apresentação de gostos e *hobbies* feita, volto algumas décadas no tempo, em que tive uma infância bastante humilde, na qual senti na pele as dificuldades econômicas da crise dos anos 1980 que afligiu o Brasil naquela época (e por uma parte dos anos 1990 também).

Imagino que grande parte das pessoas que nasceram ou cresceram naquela época sabem o que quero dizer com "época de crise".

Quando lembro daquela época, ao mesmo tempo que reflito sobre nossa era atual, muitas vezes penso que talvez aquela frase a qual desconheço o autor que diz "Tempos difíceis fazem pessoas fortes, pessoas fortes criam tempos fáceis, tempos fáceis fazem pessoas fracas, pessoas fracas criam tempos difíceis", tem a sua parcela de verdade.

Dentro daquele contexto de dificuldades financeiras, comecei a trabalhar bem cedo, com cerca de nove anos de idade, ajudando meus pais em um pequeno galpão no fundo do quintal, onde fazíamos a montagem de minibrinquedos.

Aprendi na prática e desde cedo a importância da dedicação e do esforço pessoal como ferramentas para crescer na vida, além de que o progresso honesto e sustentável só vem pelo trabalho duro. Tenho claro que essa experiência na infância me fez muito mais bem do que mal, uma vez que ajudou a formar muito do meu caráter.

Sou muito grato aos meus pais por todo o amor, carinho, esforço, dedicação e orientação ao longo da minha criação, além de todo o rigor e disciplina na formação dos meus valores morais.

Falando em orientação, começo por relembrar que, durante minha infância, meus pais me incentivaram para que eu passasse na prova do vestibular do Senai e cursasse algum colegial técnico.

O tempo passou e eu acabei de fato seguindo por esse caminho, cursando o Senai em período integral, me formando como Técnico em Plásticos, onde aprendi tudo sobre os materiais plásticos, desde a origem química a partir do petróleo até como os manipular e transformá-los em basicamente qualquer objeto.

Foi justamente no Senai que tive meu primeiro contato com computadores, pois o Senai já tinha uma abordagem muito moderna e completa, em que fazia parte da grade curricular algumas disciplinas de computação, nas quais aprendemos a usar o MS-DOS, o Windows 3.11, a suíte Office e até mesmo a programar em Pascal, algo que me incentivou a ganhar meu primeiro computador pessoal (um Compaq Presario 486 DX2 66).

Passei ali no Senai sete semestres incríveis e tenho um eterno agradecimento por tudo o que me foi proporcionado, pois mesmo seguindo um rumo totalmente diferente na minha jornada profissional, o pontapé inicial como Técnico em Plásticos me ajudou muito no princípio da minha carreira.

Fechando essa fase da minha vida, me parece certo dizer que foi a minha primeira experiência de vida com a qual pude me sentir uma pessoa especial.

E esse sentimento não era uma coisa individual, mas sim coletiva, pois era uma sensação visivelmente compartilhada por toda a turma. Nós nos sentíamos especiais não apenas por nós mesmos, mas pelo sentimento de fazer parte de algo especial, proporcionado por todo aquele ambiente especial.

Aprendi ali, na prática, o tamanho do poder e da influência do ambiente para que as pessoas se sintam capazes e motivadas a fazer cada vez mais e melhor.

Quando olho para o passado, a partir das lentes que a minha experiência dos dias atuais me proporciona, concluo que naquela época eu ainda não tinha a menor ideia de qual o ingrediente mágico que fazia aquele ambiente tão especial: uma tal de "Cultura Corporativa".

Esse é um aspecto intangível que só conheci e entendi os seus impactos ao longo da minha carreira ao conhecer diversas empresas diferentes e suas mais variadas culturas e aprendi a dar tanto valor a esse tema, que o exploro em mais de uma ocasião no CIO Codex Framework.

## Ato II - Início da carreira profissional

Me formei então como Técnico em Plásticos e iniciei minha carreira profissional na área, estagiando na unidade brasileira de uma grande fábrica alemã de peças automotivas e de eletrônicos (eles foram os inventores do *airbag* automotivo).

Era uma empresa admirável pelo seu nível de primor técnico e tecnológico. Havia uma obsessão coletiva pela precisão e pela melhoria contínua, o que era ainda mais reforçado naqueles tempos de expansão da adoção da certificação ISO 9000.

Essa tônica pela qualidade e produtividade se mostrou essencial no futuro, quando da minha atuação em tecnologia e se refletiu em uma *capability* no CIO Codex Framework.

No âmbito de TI, apenas tangenciei esse mundo naquela época, entrei na empresa bem no ano em que eles implementaram estações de trabalho individuais os colaboradores, na ocasião com Windows NT, onde então descobri que existia um tal de "CPD" (Centro de Processamento de Dados) nas empresas.

Voltando à visão de carreira, foi apenas ao entrar no mercado de trabalho que passei a ter uma visão mais ampla do mundo e até mesmo das minhas próprias possibilidades.

Concluí que não tinha por que parar apenas no colegial, se eu quisesse progredir, deveria então pensar no próximo passo e cursar uma faculdade.

Decidi então voltar para São Paulo (o estágio havia sido no interior do estado) e estudar Engenharia Química, algo que parecia fazer sentido enquanto continuidade da formação em Plásticos.

De qualquer forma, eu tinha que seguir trabalhando, ingressei então como Técnico em Plásticos em uma fábrica na época era uma das líderes do mercado de produtos elétricos no Brasil.

Tive então minha primeira grande experiência de mudança drástica de cultura e filosofia empresarial. Eu não tinha muita experiência "corporativa" até então, mas não era preciso conhecer muito para perceber rapidamente que eram mundos muito diferentes.

Olhando pelo lado positivo, todo aprendizado é válido e foi possível tirar dele a importância de se ter uma mente criativa na resolução de problemas em um cenário de escassez de recursos.

E pensando no reflexo disso para o *framework*, diria que ele se deu na compreensão e aceitação de que existem empresas nos mais variados níveis de maturidade. A importância disso é criar uma régua que permita identificar onde se está e o quanto se pode ambicionar evoluir, a partir de uma visão inspiracional.

Fiquei por lá por apenas 1 ano e às vezes penso em como teria sido a minha vida e carreira caso eu tivesse seguido naquele caminho por muito mais tempo.

O fato é que concluí que eu deveria buscar uma empresa mais alinhada com os meus anseios e encontrei no mural da faculdade um anúncio de estágio em outra empresa, bem maior.

Após passar por um novo processo seletivo, voltei a ser estagiário (pela segunda vez na vida) e fui posteriormente efetivado em uma grande indústria americana do setor químico, na sua unidade de tintas automotivas, um setor em que ela era uma das líderes globais, onde trabalhei por 4 anos.

Foi lá, em uma daquelas coincidências (ou não) da vida e em um bom exemplo do famoso "o que tiver que ser será", que um dia acordei atrasado e encontrei por acaso uma colega do ginásio. Ele comentou estar cursando Processamento de Dados em uma tal faculdade chamada Fatec, que era pública e gratuita e tinha turmas noturnas (atributos que soaram como música para os meus ouvidos).

Eu ainda mantinha uma grande paixão pela informática. Apesar de não ter nenhuma profundidade ou conhecimento técnico real, acabou que aquele momento foi como um estalo, uma grande inspiração e um sentimento imediato de que dependia apenas de mim mudar meu destino, algo que efetivamente fiz após estudar muito para passar no vestibular.

E a partir de então foram 5 anos cursando a Fatec, dos quais, se eu fosse em uma única passagem marcante, seria na noite em que o professor passou para os alunos, uma reflexão importante para a vida de muitos. Não me recordo do contexto, mas ele parou a aula e pediu para que todos se olhassem para dizer a seguinte frase: "Tenham muito cuidado e responsabilidade com o que vocês vão falar e fazer ao longo da carreira, pois esse nosso mundo de TI é muito pequeno e vocês certamente ainda vão se esbarrar muitas vezes ao longo de suas carreiras".

Foram palavras realmente profundas e que não tínhamos como mensurar a sua real dimensão naquele momento, mas que com o passar dos anos, foram se mostrando quase proféticas, pois como muito bem diz aquele ditado, "o mundo é redondo e está sempre girando".

O primeiro passo estava dado e o meu rumo enquanto formação estava finalmente alinhado com aquilo que eu desejava, mas ainda faltava ajustar meu rumo profissional enquanto carreira e área de atuação.

Apesar de ser uma movimentação natural, o início da minha atuação em TI não foi exatamente linear. Como disse antes, muitas vezes as histórias na vida são escritas por linhas tortas.

Contudo, se de fato o que importa é a jornada e não o destino, está tudo bem e existe alguma razão para esses "desvios" de percurso.

Deixei então aquela fabricante de tintas e polímeros e passei a trabalhar na empresa dos meus pais, uma experiência que me permitiu exercitar muito minhas *hard* e *soft skills*, algo que qualquer microempreendedor certamente entende muito bem.

Lá eu tive a oportunidade de exercer diversos papéis em toda cadeia de valor da empresa, passando por logística, contabilidade, gestão financeira, engenharia de produção, desenvolvimento de produtos, relacionamento comercial, gestão de pessoas e RH, dentre outros.

Enfim, foi uma experiência super rica e da qual não me arrependo e dentre as diversas atividades pratiquei, creio que duas foram bastante marcantes e tiveram reflexos direto nas minhas experiências futuras em TI.

Primeiro, tive a oportunidade de implementar um *software* ERP na empresa, o que exigiu gerar toda uma visão estruturada de "entidades" e "relacionamentos" sobre clientes, endereços, vendedores, colaboradores, contas bancárias e meios de pagamento, produtos, matérias-primas, produtos semiacabados, ordens de produção, etc.

Nos anos seguintes, ao desenvolver *softwares*, essa experiência e visão de processos de negócios e seus atores se mostrou muito útil.

Em paralelo a isso, pude implementar e ajustar diversos processos internos, seja para o funcionamento adequado do *software* ERP, seja porque, como grande parte das micro e pequenas empresas nacionais, simplesmente não existiam processos claros e bem estruturados. E aqui o link com o *framework* da Parte II fica claro quando falo na importância de um Modelo Operacional.

Em ambos os casos, foi igualmente enriquecedora a experiência de lidar com os dramas de *change management*, com todo o lado humano inevitavelmente envolvido nisso. Tudo o que eu havia aprendido nas experiências anteriores em empresas muito maiores foi de extrema valia aqui, sendo mais uma *capability* apontada no CIO Codex Framework.

Ao implementar o *software* ERP e rever os processos de trabalho, tirei como lição disso algo que seria útil nos anos seguintes, que foi perceber que não se deve tratar pessoas como máquinas.

Primeiramente pelo lado humano da coisa, afinal, gente é gente e deve ser tratada como tal. E em segundo lugar, sob uma ótica mais pragmática, ao se fazer isso você perderá todo um universo de possibilidades.

Com máquinas é possível buscar a eficiência máxima em cada milímetro de espaço e em cada micro atividade de cada processo. Já com as pessoas, você até pode seguir com essa mesma abordagem, mas ao fazer isso você renunciará a uma capacidade que (ao menos por enquanto) apenas as pessoas possuem, que é o espírito criativo delas.

Em um primeiro momento, pode parecer bom inibir ou tolher este espaço para a criatividade e assim, buscar garantir a padronização e eficiência teórica.

Entretanto, em pouco tempo, você percebe que, se elas tiverem um pouco mais de autonomia, podem te surpreender com as soluções criativas que só quem está na ponta e vivendo as dores dos problemas do dia a dia, poderia identificar e então criar soluções efetivas para essas situações.

Aprendi isso naquela época e levei adiante ao longo da carreira a lição de que a inovação em grande escala se dá nas bordas e não no centro, de forma que entendo que isso se dá por duas razões principais:

- Em primeiro lugar, pela quantidade de pessoas que estão "na borda" (geralmente muito mais do que "no centro").
- E em segundo lugar, por conta de serem essas pessoas que têm o contato prático e real com os problemas do dia a dia.

A grande questão é prover as ferramentas, a confiança e os canais necessários para que elas possam expor suas ideias e transformá-las em soluções concretas, algo explicitado no *framework* nos tópicos que tratam de Inovação.

Fazendo mais um parêntese aqui, vale ressaltar que, nos 6 anos anteriores trabalhando nas três empresas "no-tech", apesar de não ter tido avanços muito significativos no que tange os conhecimentos específicos em TI, pude desenvolver outras *skills* de visão estruturada e relacionamento interpessoal que foram super úteis ao longo da minha carreira.

E, verdade seja dita, seguem sendo até hoje, afinal, defendo sempre o mantra de que no final das contas, vivemos em um mundo onde tudo é feito por e para pessoas.

Pode até ser que algum dia isso mude e em 10, 20 ou 30 anos os avanços tecnológicos como AI alterem essa realidade. Entretanto, até lá (se é que isso mudará), seguimos em uma realidade onde existe sempre alguém ("pessoa") criando ou produzindo algo que será consumido por outro alguém ("pessoa").

Então, não faz sentido deixar de lado a variável "pessoa" da equação. É essencial pensar sempre nelas. Quais seus anseios, suas ambições e necessidades. Como elas gostariam de ser tratadas. O que as fará mais engajadas e motivadas. Afinal, são as pessoas que fazem a mágica acontecer, seja criando, seja consumindo.

Nesse sentido, as *skills* que te ajudam a lidar com esta "variável da equação" são extremamente valiosas dentro de qualquer contexto, seja dentro ou fora de uma área de tecnologia.

Ao se imaginar em uma área de tecnologia é muito comum que se pense em sistemas, linguagens, bancos de dados, servidores, computadores e outros equipamentos, mas a verdade é que eles não fazem o trabalho sozinhos.

Toda a magia sempre acontece a partir das ideias e das ações das pessoas, de forma que no CIO Codex Framework o valor das pessoas é destacado em diversos de seus componentes.

## Ato III - Atuando no mundo de TI

Por mais rica e interessante que aquela experiência fosse, foi ficando claro que eu desejava seguir o meu destino e então concluí que eu deveria buscar outros horizontes.

Passei a procurar oportunidades no mercado, porém, com uma dúvida pairando sobre o que fazer: será que deveria voltar para a indústria química, na qual já tinha uma certa bagagem e vários anos de experiência ou será que deveria começar do zero em TI, a área que me inspirava e que estava cursando faculdade, mas que eu não tinha nenhuma experiência até então?

Segui a minha paixão e decidi reiniciar a carreira, voltando a ser estagiário (pela terceira vez na vida!), agora em uma pequena *softwarehouse* nacional, que tinha como produto principal um sistema de RH bastante avançado para a época, oferecendo até mesmo uma solução de "low-code" embutida na plataforma.

Entrei nesse estágio após passar por um curso de 1 mês que serviu como processo de seleção e meu papel lá era focado em programação Java. Como quase todo estagiário em início de carreira, minhas atividades não eram nada glamourosas, se resumindo basicamente a desenvolver relatórios.

Passado algum tempo no estágio, eu passei a refletir sobre onde eu estava e o que eu poderia ter como expectativas futuras. Esse foi um momento no qual me lembro perfeitamente de pensar comigo mesmo sobre o que eu estava fazendo de errado, pois olhando o "filme completo" até então, parecia que eu estava dando passos para trás e que estava pior do que alguns anos antes.

Nessa época eu já estava no penúltimo semestre da faculdade e então, em mais um daqueles momentos inesperados da vida, uma luz surgiu.

Estava cursando uma matéria optativa de Programação em Cobol, a qual escolhi tão simplesmente por conta da conveniência do *slot* disponível na grade e por algum colega ter comentado que era uma matéria "fácil" (o que acabou se confirmando, pois era uma linguagem com muito menos comandos - quando comparado com o Java)

O fato é que eu não tinha nenhuma afinidade ou predileção prévia com o Cobol em si, o qual, já naquela época, final de 2003, era tida como uma "plataforma morta" (junto com o Mainframe), ao menos ali dentro do "mundo acadêmico" (mal sabiam que passadas mais de duas décadas ele seguiria vivo e integrado com a *Cloud*, soluções de AI e diversas outras novas tecnologias que surgiram ao longo desse tempo).

Eis que ao final de uma aula qualquer, o professor comentou que uma determinada consultoria estava oferecendo um curso gratuito de Cobol, CICS e DB2, com o grande incentivo de que quem fosse aprovado no curso seria então contratado.

Eu sequer sabia o que era uma consultoria, tampouco jamais havia escutado falar de CICS, mas estava tão sem perspectivas com o estágio naquele momento que pensei, "Por que não? Acho que não tenho muito a perder!". E assim me inscrevi, cheio de vontade de ser aprovado para participar daquele curso.

Em um daqueles momentos de "*Leap of Faith*", fiz a entrevista na consultoria, uma empresa espanhola (atualmente parte de uma gigante japonesa) com operação em muitos países do mundo.

Iniciei o curso de uns 2 meses de duração, o qual era bastante completo e até eu, que estava longe de ser um grande "mestre da programação", aprendi a desenvolver em Mainframe.

Algo que me marcou muito naquele curso foi um sentimento que tive e que me acompanhou por muitos anos, que acabou sendo um enorme motivador e que me energizou ao longo da minha trajetória a partir de então: a sensação de que eu estava atrasado e que tinha "perdido muito tempo" da carreira.

O momento que materializou essa sensação foi logo na primeira aula. Tínhamos que escrever em uma folha de papel nossos nomes, telefones, e-mail e idade.

Olhei a lista e via basicamente todo mundo com algo entre 18 e 20 anos. Me senti um "idoso" com meus 26 anos e a sensação de vergonha (misturada com fracasso) foi tamanha que optei por escrever na lista que tinha "apenas" 23.

Engraçado pensar hoje que na época eu mal imaginava quanta água ainda iria rolar por baixo da ponte ao longo da minha carreira e que eu estava longe de estar "velho e atrasado" naquele momento.

Ao final do curso fui aprovado com outros colegas de turma e finalmente recebi uma proposta de emprego naquela consultoria, para um cargo que hoje, eu e meus amigos de então, brincamos ser o mais baixo da história da tecnologia.

Fomos admitidos como "Codificador Informático Nível 1" e precisaríamos avançar algo como uns 10 níveis até sermos promovidos a "Programador de Aplicações".

De qualquer forma, tive a sorte de ser logo de largada alocado em um projeto absolutamente transformacional em um grande banco nacional que havia acabado de ser adquirido por um banco europeu, o que levou a transformação de toda a sua plataforma de *core banking*.

Foi uma experiência espetacular, na qual destaco a oportunidade de construir algo de uma escala que poucas vezes se viu no Brasil. Não tenho conhecimento de outros casos em que se desenvolveu todo um novo *core* desde então no mercado dos grandes bancos nacionais.

Essa experiência inicial em *core banking* acabou por direcionar muito da minha carreira a partir de então, e, pensando no CIO Codex Framework, se refletiu em diversos aspectos, como a visão ampla e integrada de *Enterprise Architecture* e todo o ciclo de *Solution Engineering*.

Esse início de carreira em TI foi obviamente muito marcante para mim. Primeiramente, por servir como o pontapé inicial no mundo corporativo da tecnologia, além de toda a sensação inicial de que eu não era bom o suficiente ou que eu estava velho demais para recomeçar. Pude passar pelos desafios do novo e do desconhecido, mas com uma vontade enorme de vencer e de me mostrar digno e capaz.

E assim, passado um ano e meio, eu já estava finalmente formado na faculdade, havia conseguido ingressar no mercado de TI, tinha pelo menos alguma noção do que se tratava esse mundo e quais eram as minhas possibilidades nele, algo que eu já podia considerar como sendo um grande avanço.

Não tinha consciência do quanto as minhas experiências anteriores, mesmo que em áreas distintas de TI, que tinham me proporcionado *skills* "não técnicas", poderiam ser de tão grande ajuda para acelerar meu progresso.

Isso reforçou a lição, que não era ainda clara para mim naquele momento, de que toda experiência profissional agrega algo de útil e que poderá ser utilizado pelo resto da vida. Contudo, como apontei na introdução, depende de cada um buscar a sabedoria para conseguir fazer uso desses aprendizados.

Naquele momento eu me sentia bastante feliz e realizado e não estava buscando novas oportunidades. Ainda assim, mais uma vez a roda da fortuna girou e me levou para novos horizontes.

Recebi um convite para conversar sobre oportunidades em uma gigante americana no setor de consultoria e lembro que fiquei muito entusiasmado. Eu já tinha alguma ideia de quais eram os principais *players* do mercado e essa mudança era mais ou menos como mudar de divisão de campeonato, dada a diferença de tamanho entre as duas empresas naquele momento.

Aceitei a proposta e passei a fazer parte daquele time incrível, com o qual segui ao longo de mais de 12 anos de muito trabalho, mas cheio de descobertas e desenvolvimento pessoal e profissional. Lá, tive o privilégio de entregar projetos e criar relacionamentos em mais de 30 instituições financeiras no Brasil e na América Latina.

Aprendi e evolui muito naqueles anos, de uma forma bastante acelerada, como jamais poderia imaginar até então, atuando em projetos de caráter muito mais estratégico e cobrindo um espectro muito mais amplo de temas de tecnologia e negócios

Outro aspecto que me encantou por lá e que se tornou um conceito que seguiu me inspirando ao longo dos anos era a abundância de *frameworks*, *PoVs* ("*Point of View*") e estruturação de informações das mais variadas naturezas e nas mais diversas formas (matrizes, cubos, pirâmides e por aí vai).

Me descobri um grande adepto do "pensamento aristotélico" e reforcei uma verdadeira paixão e propensão por buscar classificar as coisas ao meu redor em categorias a partir de *frameworks* e ideias conceituais, algo que se refletiu nos princípios fundamentais do CIO Codex Framework.

Isto é algo que se manteve até hoje e creio que pode ser percebido por essa obra e pela própria criação do CIO Codex Framework, como será mais bem explorado nos próximos capítulos e na Parte II.

Nesta linha de aprendizado e evolução, posso me referir também em outros aspectos como prosseguir na minha formação, na qual iniciei então o MBA em Gestão Executiva pelo Insper, o que me pareceu muito pertinente para complementar meu *background* acadêmico mais técnico até então.

Ainda no espírito de organização multinacional, conheci os Estados Unidos, algo que era um grande sonho de longa data, a partir dos inúmeros treinamentos que fiz por lá, dentre outros eventos no exterior. Havia uma verdadeira preocupação da firma em promover uma cultura corporativa em escala global, integrando gente de todos os cantos do mundo.

Eu não posso deixar de citar também que foi a partir dessa consultoria que conheci, em mais uma das coincidências da vida, a pessoa que alguns anos depois se tornaria minha esposa.

Por ela também ser uma profissional de tecnologia muito bem-sucedida, ao longo dos anos ela sempre me inspirou (e segue me inspirando) a ser cada dia melhor. Ela sempre me apoiou e me ajudou a galgar degraus e a seguir evoluindo ao longo da carreira.

Para fechar esse período da minha saga, finalizo com algo que foi novo para mim, a ideia de "valores corporativos", que formavam a base de uma cultura corporativa incrível, que você de fato vivia na prática no dia a dia.

Esses valores eram chamados de "Core Values" e dentre vários, eu destaco o "Stewardship", que significava algo mais ou menos como "gerir adequadamente as suas entregas e projetos, sem deixar de lado a responsabilidade com o seu legado, de forma a deixar ao seu sucessor algo melhor do que você recebeu quando sucedeu alguém".

Esse valor me pareceu poderoso demais e segue fazendo todo o sentido para mim, ao ponto de ser incluído dentro dos meus próprios valores pessoais (o que é materializado na própria iniciativa de criar esta obra), assim como na própria abordagem de valores, que se tornou um dos componentes do CIO Codex Framework.

## Ato IV - Conhecendo o outro lado do balcão

O tempo passou, a roda da fortuna seguiu girando e eu recebi o convite para fazer parte do time de tecnologia de um dos maiores bancos nacionais, com matriz na Europa.

Ao entender o momento em que aquele banco estava passando, as suas ambições e por fim, o tamanho da oportunidade que estava sendo oferecida a mim, imediatamente quis fazer parte daquele grande projeto. Seria a transformação digital de uma grande instituição tradicional, que talvez não tenha tido paralelo no mercado até então.

Eu assumi a responsabilidade pela Plataforma de Canais de Atendimento Humano e Inteligência Comercial, abarcando todos os canais de atendimento, nas Agências, URA, Contact Center, Áreas Centrais, Chat Humano, ChatBot, Inteligência Artificial, CRM e Sistemas Informacionais. Lá, tive a oportunidade de participar de diversos projetos transformacionais e da gestão de soluções tecnológicas que ajudaram a mudar a realidade digital do banco.

Não posso deixar de comentar outros aspectos marcantes da minha vida nesse período. No lado "acadêmico", finalizei o MBA, algo que ampliou drasticamente meu entendimento sobre o funcionamento da "máquina organizacional", incluindo a necessidade de uma visão e planejamento estratégico sobre diversos eixos.

Adicionalmente, fiz uma extensão em *Artificial Intelligence & Machine Learning* pela FIAP, que me trouxe uma enorme bagagem sobre tantos tópicos e conceitos que precisam estar no radar de qualquer executivo, que estão lá no CIO Codex Framework, apontados nos tópicos de *New Technologies*.

Tive também a oportunidade de fazer uma imersão no Silicon Valley, podendo ver de perto grandes gigantes do mundo digital. Gigantes como Google e Facebook, conhecer o ecossistema de Fintechs e StartUps, assim como viver experiências em algumas das principais universidades da região e ter esse contato *in loco* com lugar reconhecido como um dos grandes celeiros da inovação no mundo.

Essa foi uma experiência muito enriquecedora e que abriu meus horizontes de entendimento das possibilidades tecnológicas e empreendedoras, assim como me fizeram pensar no quanto ainda podemos evoluir aqui no Brasil.

Mas olhando para o conjunto da obra, o maior aprendizado nesse período foi que, ao trabalhar diretamente numa área de tecnologia, pude entender muito melhor quais são as suas grandes peças, quais as suas grandes interdependências e como elas interagem entre si.

Obviamente que trabalhando por mais de uma década em tantos projetos de definição de estratégia, processos e modelos operacionais de TI pela consultoria, eu aprendi muito e tive acesso a toda uma base teórica e de melhores práticas do mercado.

Ainda assim, viver a realidade a partir da experiência prática em um grande banco traz toda uma nova perspectiva de como é a realidade prática em uma organização e o quanto cada pequena peça pode impactar profundamente o funcionamento do todo.

Realizar iniciativas de transformação foi uma grande escola para aprender que não é trivial transformar boas ideias e boas práticas em soluções e processos efetivamente implementados.

Já na esfera pessoal, enquanto as experiências marcantes dessa época, nada superou o nascimento da minha filhinha. Este é o tipo de evento que muda tudo e transforma o seu entendimento sobre o propósito da vida e quais as suas reais prioridades. A cada dia é um novo aprendizado, tanto para ela, quanto para mim e para minha esposa.

Voltando à minha trajetória, assim se foi uma jornada de cinco anos e meio que posso classificar como sendo repleta de momentos mágicos e experiências incríveis os quais tive a honra de poder viver junto daquela grande "família". Foram muitas aventuras, desafios e diversão. Sem dúvida, alguns dos melhores e mais marcantes anos da minha vida!

E então, mais uma vez, a roda da fortuna girou e uma nova oportunidade se abriu no meu horizonte: recebi o convite para assumir o papel de CIO de uma grande seguradora europeia do mercado B2B2C.

Aceitei a proposta e passei a cumprir o tempo de 3 meses em "garden leave", um período que busquei usar de forma útil, já que pude então estudar e fazer as provas para certificações que vinha postergando há tempos. Esse esforço acrescentou para a minha "prateleira de conquistas" as certificações em *Cobit, ITIL, SAFe* e *SRE*, que somadas a de PMP dos tempos de consultoria, completava assim o "quadro de medalhas" que almejava há anos.

A somatória da experiência prática no grande banco, com essa oportunidade de imersão nos principais *frameworks* de mercado, foram insumos fundamentais para que eu concluísse que havia a falta de um modelo integral e integrado de toda uma área de tecnologia. E foi nesse momento que concebi a primeira versão conceitual, ainda que embrionária, do que viria a se transformar no CIO Codex Framework.

Nesse período de atuação como CIO, tive alguns grandes desafios principais, como buscar a estabilização da plataforma tecnológica, além de adequar diversos ativos e processos internos para as melhores práticas de riscos e segurança preconizadas pela organização.

Em paralelo a isso, foi muito divertido criar um plano estratégico amplo e abrangente, assim como colocá-lo em marcha de execução, para elevar a Área de Tecnologia para outro patamar de evolução e sofisticação.

Foram desafios muito interessantes e enriquecedores, os quais me permitiram tanto colocar em prática o conhecimento adquirido ao longo dos anos anteriores, quanto acrescentar novas *skills* e conhecimentos que muitas vezes só se mostram necessários quando se avalia situações conhecidas sob perspectivas novas ou diferentes.

De qualquer forma, destaco mais uma vez o aspecto humano aqui. Foi muito especial poder acompanhar de perto o processo de envolvimento e engajamento das pessoas ao longo de uma transformação do modelo operacional em larga escala, abrangendo basicamente todas as competências e processos que uma Área de Tecnologia pode ter. Um processo similar à criação e à promoção de um novo *mindset* e uma nova cultura de TI ao longo desse processo.

Cito com muita frequência que a cultura corporativa é um ativo essencial, um ingrediente chave para qualquer organização obter sucesso de forma sustentável.

E cultura não se compra nem se copia e ainda não criaram a subscrição de "*Culture as a Service*". Cultura se cria, se promove e se cultiva a partir da liderança pelo exemplo, que vai mostrando o caminho de quais os comportamentos esperados para a cultura desejada passar a ser a realidade na organização.

Todos esses são aspectos que acabaram por ser estruturados e organizados no CIO Codex Framework, sob a perspectiva de valores, drivers, comportamentos, *branding*, cultura, planejamento estratégico, além do modelo de referência de competências requeridas por uma área de tecnologia.

## Ato V – Consolidando, Refletindo e Concluindo

Ao fazer um grande apanhado da minha trajetória, se eu fosse tentar consolidar uma característica em comum dos momentos mais especiais que vivi, eu creio que seria o sentimento que eles trouxeram às pessoas envolvidas de que eram capazes de "fazer história".

Me refiro ao sentimento que acontece quando você tem um "estalo" e percebe que depende apenas de você e da sua própria atitude transformar a sua "ocupação" em algo muito maior do que um simples trabalho baseado nas tarefas previstas e esperadas pelo seu "*job description*".

E eu posso dizer que fui afortunado por ter tido muitos desses momentos incríveis de criação de algo especial e de poder construir um legado para a minha história pessoal em conjunto com as pessoas, equipes e as organizações das quais fiz parte na vida profissional.

Foram momentos mágicos em que se percebe que você e o time ao qual você faz parte conseguiram criar, definir a estratégia, executar e assim tornar concreto algo inovador e diferenciado que de fato mexeu o ponteiro e transformou a realidade.

São esses momentos que fazem a vida ter muito mais sentido e graça para ser vivida. Espero que a leitura de algumas dessas histórias ao longo desse texto ajude a alguém que porventura venha a se identificar ou se inspirar por essas passagens.

Em adição a isso, ao longo da minha carreira também tive o privilégio de poder flutuar entre os dois lados do balcão, atuando em consultorias e em instituições financeiras, algo que me ajudou a ampliar meus horizontes de conhecimento e exercer papéis bem variados ao longo do tempo.

Quando penso e tento comparar ambos, fico com a impressão de que são dois lados de uma mesma moeda, intimamente interligados na grande indústria da tecnologia, a qual é o lugar onde quase todas as empresas estão convergindo hoje em dia.

Talvez até como uma demonstração prática e empírica disso, ao longo do processo de revisão deste livro, fechei o meu retorno ao mundo corporativo. Voltei ao lado do balcão no time das consultorias atuando como sócio na indústria de serviços financeiros, dessa vez em uma das maiores empresas de tecnologia do mundo.

Enquanto escrevo essas palavras, me encontro muito entusiasmado com o universo de oportunidades que se abrem ao fazer parte desta famosa gigante americana, ansioso para viver as muitas aventuras que virão nessa nova etapa da minha carreira.

Ainda dentro desta "pseudo dualidade" entre atuar no "lado do cliente" ou no "lado do fornecedor", muitos me perguntam diretamente: "mas qual lado é o melhor?".

Minha resposta, como não poderia deixar de ser, se baseia na *expertise* dos vários anos de consultorias e é, ao menos na superfície, tão simples e, ao mesmo tempo, abstrata como um inevitável "depende".

Cada lado tem suas características próprias, que se transformam em pontos positivos e negativos, conforme a "percepção de valor" de cada indivíduo, valendo considerar que essa percepção pode mudar ao longo do tempo, de acordo com seu momento de vida.

Como diz outro provérbio, "cada escolha é uma renúncia", por isso acho difícil imaginar que exista algum lugar mágico e idílico no mundo que consiga ter apenas aspectos positivos.

Quanto ao próprio movimento de mudança entre os lados do balcão, reitero que julgo ser uma movimentação muito enriquecedora, independente de qual o sentido da origem e do destino que ela ocorra e posso sumarizar meus aprendizados quanto a isso em cinco grandes conclusões:

1. Existem grandes talentos e pessoas incríveis em basicamente todos os lugares. Portanto, não faz sentido achar que você, seu time ou a sua empresa são a "última bolacha do pacote" ou o "centro do universo pensante".

2. Como consequência do primeiro item, existem muitos pontos de vista, perspectivas, abordagens e frameworks incríveis que valem a pena conhecer em cada lado e em cada empresa. Pessoas incríveis criam coisas incríveis e se existem pessoas incríveis em diversos lugares, consequentemente, é esperado que coisas incríveis sejam criadas em diversos lugares.

3. Complementando o segundo item, é fundamental manter a mente aberta e o coração humilde para se manter atualizado a partir de diversos canais, de outras pessoas e de outras empresas. Existem coisas sensacionais por aí, basta procurar, entender que existem diferentes perspectivas possíveis para se entender cada tema, assim como diferentes abordagens para endereçar cada questão, mas é preciso se abrir para o novo e buscar juntar e criar um novo uso para essas diferentes "peças do lego".

4. Especificamente no mundo de TI, vale a pena buscar ampliar o seu espectro de enfoque e atuação, saindo de uma visão estreita de "Projetos de TI" e indo para uma visão de "Ativos & Competências de TI". É importante buscar o inter-relacionamento de todas as competências requeridas para criar, manter e evoluir cada um dos ativos ao longo do seu ciclo de vida (que certamente é mais longo do que apenas o projeto de implementação). É preciso ter em vista uma perspectiva não limitada ao mundo de TI, buscando a visão corporativa panorâmica de qual processo, produto ou serviço de negócio é suportado por estes ativos.

5. Por último, em adição ao quarto item, vale a pena avaliar a sua perspectiva sobre as pessoas: sair de uma visão meramente "transacional" da entrega de cada projeto, indo para uma

visão "relacional", entendendo o poder do engajamento, motivação, felicidade e de um mix diverso de pessoas, assim como a necessidade de sofisticar as suas alavancas e ferramentas para lidar com tudo isso em uma abordagem de longo prazo.

Destaco ainda que esta mudança de perspectivas profissionais te ajuda a ser mais empático e de certa forma, mais eficiente e eficaz. Em muitas situações você passa a ter maior facilidade de se colocar no lugar da outra pessoa e de entender as suas dores e desafios, uma vez que você em algum momento já "calçou os seus sapatos".

Considero essencial reiterar também um tema que destaquei ao longo da escrita da minha saga: o aprendizado que você leva adiante a partir de cada experiência tida na vida, tanto as positivas quanto as negativas. Pode-se tirar lições valiosas de ambas as situações (cabe a cada um buscar a sabedoria para tal).

Me sinto uma pessoa abençoada por ter tido a oportunidade de viver momentos tão incríveis em tantos lugares e com tantas pessoas sensacionais. Isso me leva ao sentimento de gratidão pelos aprendizados dessa grande escola que é a vida, onde precisamos saber alternar momentos como professores e alunos a qualquer instante.

E para fechar, ainda no tema do aprendizado e conhecimento, nada melhor do que uma frase de ninguém menos do que o Sócrates: "Conhece-te a ti mesmo", no sentido da importância de entender quem é você.

Quanto mais penso neste conceito em si, mais tenho claro que a melhor forma de definir uma pessoa é pela somatória daquilo que ela pensa e daquilo que ela faz ao longo da vida.

Ao que ela "pensa", me refiro a quais são seus valores, o que ela acredita, qual seu propósito e suas ambições na vida. Já quanto ao que ela "faz", me refiro a quais são as suas atitudes de acordo com cada tipo de situação, como ela "funciona".

Apenas "pensar" não é o suficiente, por ser preciso transformar as ações em realidade. Ao mesmo tempo, apenas "fazer" também é insuficiente, afinal, ações sem propósito, intenção ou estratégia muitas vezes acabam sendo vazias.

Por isso, para que você possa evoluir, ter sucesso (valendo aqui considerar que defino conceitualmente "sucesso" como sendo "alcançar os seus objetivos", de forma que cada indivíduo tem sua própria definição concreta de sucesso) e se realizar, é muito importante conhecer a si mesmo.

Quando você sabe o que você pensa e quais são os seus valores, fica muito mais fácil ter claro se a empresa possui valores similares e um propósito que possa favorecer você a alcançar as suas próprias ambições.

Quando você sabe quais as suas atitudes, como você funciona em cada tipo de situação, fica igualmente muito mais fácil ter claro se a empresa proporciona um ambiente adequado para que você possa florescer, potencializando as suas capacidades.

Vale a pena investir algum tempo neste esforço de autoconhecimento e, inclusive, expandir essa reflexão pessoal ao universo da empresa para a qual se trabalha ou que se deseja trabalhar.

É importante explorar o alinhamento com aspectos como propósito, visão, cultura, valores, estratégia e resultados, tópicos estes abordados no CIO Codex Framework, naquilo que ele chama de Pirâmide de Diretrizes Corporativas.

E digo isso não apenas no sentido de evitar trajetos indesejados, afinal a vida é curiosa e cheia de surpresas, de forma que tudo acontece por alguma razão, tudo possui algum objetivo, ainda que inicialmente esta razão ou objetivo possam não ser suficientemente claros para nós.

Neste sentido, acredito que o autoconhecimento é fundamental para se guiar ao longo da vida:

- Em primeiro lugar, para te ajudar a definir qual o destino que faz mais sentido para você, ou seja, onde você deseja chegar.
- Em segundo lugar, conseguir ponderar e avaliar qual o trajeto faz mais sentido para você e, uma vez que "o que importa é a jornada e não o destino", nada mais natural do que avaliar se o trajeto atual está alinhado às suas skills atuais ou às skills que você julga fazer sentido aprimorar.
- E por fim, se conhecer ajuda muito para identificar se por acaso você já chegou aonde queria chegar e, se for o caso, definir um novo destino e a sua respectiva nova trajetória!

CAPÍTULO 2

# Os componentes de uma cartase

Aqui vale a pena relembrar que a escrita deste livro se deu em um momento em que eu estava passando por uma transição de carreira. Isso significa que é uma situação tipicamente de "sentimentos mistos", por conta da ruptura da rotina cotidiana, do repentino tempo livre e dos subsequentes e inevitáveis momentos de autorreflexão que se sucedem.

Trazendo o conceito de catarse para esse meu contexto pessoal, posso dizer que ela significou a conclusão de muitos atos e movimentos, originados de várias iniciativas distintas, mas paralelas ou inter-relacionadas, que acabaram por chegar ao seu ápice em um mesmo momento, ainda que suas origens ações fossem assíncronas.

Foi muito especial para mim capturar todos esses acontecimentos e os perceber como peças se encaixando e fazendo sentido enquanto partes móveis de uma mesma grande história.

Posso dizer que esse conjunto de fatores trouxe um grande sentimento de conclusão de objetivos, de realização pessoal e profissional, inclusive culminando com a criação deste livro e do próprio CIO Codex.

Na sequência vou listar e explicar melhor as cinco principais peças, seus movimentos e como cada qual me impactou e inspirou a buscar evoluir e de certa forma, deixar algum legado ao próximo.

Espero assim poder ajudar outras pessoas que passam por um momento similar, de forma que possam fazer um bom uso desta oportunidade, a utilizando para o seu reposicionamento, evolução ou mesmo transformação pessoal e profissional.

Ao menos no meu caso pessoal, muito na linha do "*Walk the Talk*", esta abordagem que apresento na sequência foi muito enriquecedora e produtiva, algo que me ajudou e fortaleceu nesse período.

## Investindo tempo no que realmente importa

Começo pela peça, a qual foi a mais inesperada para mim, especialmente sob o aspecto pessoal e que foi bastante favorecida nesse momento em que tive mais tempo livre no dia a dia.

Foi sensacional poder dedicar mais tempo para a minha filhinha, justamente na sua fase da primeira infância, tão importante para a formação do seu caráter e dos seus valores fundamentais enquanto pessoa e cidadã.

Aproveitei ao máximo essa oportunidade, o que admito ter sido algo bastante diferente do cotidiano corporativo, mas inegavelmente gratificante, além de, para minha surpresa, ter sido uma atividade bastante demandante, física e intelectualmente falando.

Formar um ser humano não é uma atividade trivial e quanto mais tempo você investe nisso, mais você passa a valorizar tudo aquilo que seus pais fizeram por você.

Acompanhei o início dela na escolinha infantil e foi um grande prazer poder ajudar nesse momento de adaptação, que tenho certeza, será um período do qual ela terá lembranças mágicas e levará adiante como sendo o início da sua própria jornada da vida!

Não poderia deixar de incluir também aqui neste tópico, a oportunidade que tive de dedicar todo o tempo, amor e carinho que pude dar à minha cachorrinha de estimação. Ela, que vinha passando por um tratamento de saúde há quase dois anos, teve seus últimos meses de vida justamente na mesma época em que estava escrevendo este livro.

Nada é por acaso na vida e talvez esse meu período com mais tempo disponível não tenha acontecido na mesma época em que ela precisava de tantos cuidados por mero acidente ou coincidência.

De qualquer forma, sou muito grato por ter podido dar toda a atenção e carinho que ela precisava e merecia naquele momento.

Ela foi uma grande companheira e amiga e deixará lembranças eternas para mim e para toda a família. Tenho certeza de que está feliz seja lá onde estiver e algum dia ainda vamos nos reencontrar.

## Abraçando o *Lifelong Learning*

Esta peça já vinha se desenrolando ao longo dos últimos anos, em que me abri para o conhecimento e embarquei em uma abordagem de *lifelong learning*. E ao parar para pensar nisso, mais do que nunca outra frase do Sócrates passou a fazer absoluto sentido: "quanto mais sei, só sei que nada sei".

Se há algo que a vida tem me mostrado é o quanto o mundo é dinâmico e tem se transformado de forma cada vez mais acelerada!

Neste sentido me parece muito importante se manter *up-to-date* (ou pelo menos se esforçar bastante tentado) e buscar aprimorar e ampliar as suas *skills*, tanto como pessoa quanto como profissional, até porque é cada dia mais difícil separar e diferenciar estas duas "personas".

E uma das minhas aventuras mais recentes neste sentido foi iniciar uma jornada de "saberes coletivos" na Gonew.co, uma expressão que aprendi lá e que explica muito bem o próprio modelo de funcionamento da instituição. O próprio conceito de "construção coletiva de ideias" foi absolvido como um dos princípios fundamentais do CIO Codex Framework.

Concluí a formação como Conselheiro de Tecnologia e tive um enorme entusiasmo em fazer parte deste movimento de transformação da governança empresarial a partir de uma abordagem mais alinhada com a nossa nova realidade do mundo e dos anseios da sociedade digital.

Um dos meus motivadores para isso, foi pensar em plantar agora as sementes para uma nova forma de atuação profissional para o futuro em 10, 15 ou 20 anos.

Acredito que na nossa atuação de liderança cotidiana aprendemos bastante sobre como ajudar as organizações a evoluírem e a crescerem a partir de um papel executivo dentro delas, de forma que um próximo passo natural pode ser atuar na forma de conselheiro no futuro.

Outra aventura nesta área foi a formação em um *Master* pela Singularity University em um tema cada dia mais em voga: *Artificial Intelligence Leadership*. Este é um assunto que considero muito relevante enquanto "reciclagem" ou mesmo formação profissional prática neste tema que, como pode ser visto no mercado, já está pautando as estratégias empresariais dos próximos anos e é uma peça fundamental no CIO Codex Framework.

## Recapitulando livros marcantes

Uma peça-chave nessa visão de Catarse foi poder reler alguns dos livros que já considerava como marcantes, mas que hoje defino como sendo efetivamente fundamentais para o meu entendimento do mundo e que têm um impacto claro na forma como entendo a grande "máquina corporativa".

Cada um desses livros de alguma forma impactou a minha trajetória profissional, cada qual ao seu tempo, como será visto em um capítulo mais adiante, influenciaram diretamente muito da essência do CIO Codex Framework nos mais variados aspectos.

Na sequência, comento um pouco mais sobre cada um desses que compõem o que considero ser meu "Ranking Top 5" de livros mais inspiracionais e espero que possam ser úteis para mais pessoas na formação do seu entendimento do mundo empresarial.

### Comece pelo porquê

Não tinha como iniciar uma lista de livros sem colocar essa obra do Simon Sinek como a primeira dela, não apenas pelo conteúdo e propósito dele, mas também pelo trocadilho imperdível de "começar pelo Porquê".

Quando penso nesse livro, a lição principal foi a compreensão profunda de se ter claro o "porquê" antes de se aventurar no "como" e no "o que", deixando clara uma visão "hierárquica" de importância entre essas três perspectivas, ressaltando a necessidade de começar com um propósito (o "porquê"), antes de mergulhar nas metodologias (o "como") e nas execuções específicas (o "o que"),

Me lembro de ter sido apresentado a esse livro em uma aula logo no início do curso de MBA no Insper. Foi na disciplina de Gestão Estratégica e, ao menos na aula em si, não tinha conseguido entender a lógica de se começar pelo "porquê" e fui para casa bastante contrariado.

Afinal, para alguém com a cabeça forjada pela visão "cartesiana" do mundo de TI, me parecia absolutamente óbvio que o primeiro passo para se fazer algo é definir o "que" se quer fazer. Os vários anos de "ciclo de desenvolvimento Waterfall" ou mesmo da "definição estratégica de TI" sempre me levaram a primeiramente especificar muito bem o que se queria como produto de um projeto ou iniciativa.

Fiquei tão intrigado com o conceito que li o livro ainda naquela mesma semana e quando consegui capturar a magia do conceito, desde então adotei essa abordagem em diversos aspectos, até mesmo como guia mestre de *storytelling* para apresentações.

## Os 7 hábitos das pessoas altamente eficazes

Se fosse para montar a lista em ordem cronológica, esse aqui do Stephen Covey deveria ser o primeiro, uma vez que recebi a indicação dele basicamente na época em que entrei no mundo das consultorias.

O autor destaca não apenas a necessidade de rigor e disciplina no âmbito pessoal, mas também explora o quanto esses conceitos são igualmente relevantes quando avaliados a partir de uma dimensão organizacional e de liderança.

Fica muito claro que, para criar uma organização eficiente e eficaz, os líderes devem absorver e viver os 7 hábitos. Afinal, ao adotarmos esses hábitos, não só elevamos nossa eficácia pessoal, mas também fortalecemos nossa capacidade de liderar outros eficazmente. Além disso, a liderança, por exemplo, é fundamental e muito poderosa.

Também enquanto líderes, entendo que deve fazer parte do nosso papel se preocupar em criar os mecanismos que promovam e permitam que as demais pessoas adotem estes mesmos hábitos em toda a organização.

## Organizações exponenciais

Reler "Organizações Exponenciais", do Salim Ismail, reforçou minha compreensão sobre o motor que impulsiona as organizações disruptivas de hoje, especialmente pelo ponto marcante que levei adiante como uma pedra fundamental em qualquer equipe que criei a partir de então, o "Propósito Transformador Massivo" (PTM).

Uma conceituação clara do PTM não apenas define a direção estratégica (algo que comento no capítulo "A Pirâmide de Diretrizes Corporativas"), mas também ajuda a atrair, reter e evoluir talentos e recursos alinhados com esse propósito.

Me recordo como se fosse ontem de quando o li pela primeira vez, em meados de 2018. Ao terminar, senti uma verdadeira preocupação sobre o quão rasa era a minha visão sobre a dinâmica de sucesso de uma organização frente aos grandes titãs do mundo digital.

O que se seguiu foi uma grande "corrida contra o tempo", primeiramente para estruturar uma visão estratégica do que e como eu poderia incluir vários dos conceitos contidos no livro na área que eu liderava naquela época, em um banco e, na sequência, implementar ações concretas para tornar realidade e concretizar uma abordagem bem mais moderna na dinâmica de trabalho.

Definitivamente foi um grande *game changer* na minha forma de encarar o mundo e como engajar os times em uma mesma visão de futuro e, mais ainda, em um mesmo propósito transformador massivo.

## De onde vêm as boas ideias

Esse livro, do Steven Johnson, é excelente para refletir sobre o processo da inovação ao longo da história e nas organizações modernas.

O grande destaque é a essência do processo criativo e a importância de se criar ambientes onde ideias divergentes possam colidir, se desafiar e, eventualmente, se combinar para dar origem a algo totalmente novo e muito maior do que a simples somatória das ideias individuais.

Em um mundo saturado de reuniões, informações, estímulos e toda pressão e rotina cotidiana, um grande diferencial é cultivar espaços que promovam esses encontros criativos, nos quais ideias podem ser desafiadas, agregadas, aprimoradas e, finalmente, consolidadas em inovações que transformam a realidade de produtos e serviços.

É curioso que, no caso desse livro em particular, eu tenha primeiramente recebido um vídeo de uns 5 minutos no celular. Era uma animação super bem-feita contando justamente o conceito da colisão de ideias e que a existência de ambientes que promovem isso fizeram a magia acontecer em épocas transformadoras.

Como grande lição para o meu dia a dia, tirei justamente que qualquer um, do mais júnior ao mais sênior pode ter aquele estalo mágico de uma grande ideia (que de largada pode nem parecer tão grande assim).

O grande desafio é a importância de se buscar promover espaços e mecanismos para que essas pessoas e equipes possam expor suas ideias e então sentir-se motivadas e receberem os recursos necessários para transformá-las em realidade.

Pude comprovar na prática, a partir de casos reais, o quanto tudo isso é verdade e quantas inovações podem aparecer recorrentemente, a partir de pequenos ajustes operacionais e organizacionais. Fora isso, não tem preço testemunhar a satisfação e realização das pessoas em ver suas ideias se tornando realidade a partir de novos processos, sistemas ou produtos.

## Culture code

E para fechar a lista, destaco esse livro muito impactante, o qual ressoou profundamente em mim e segue sendo muito relevante no meu entendimento do mundo e da vida. Especialmente por conta de estarmos em um momento em que a cultura organizacional está no epicentro das discussões de liderança, inovação, disrupção e transformação digital.

O autor, Daniel Coyle, explora aquilo que cada dia mais pessoas se dão conta: a importância da cultura para o sucesso de qualquer organização que queira se diferenciar no mercado.

Me recordo de ter ganhado esse livro do meu líder quando estava no banco em um momento em que toda a área de Tecnologia estava passando por uma grande transformação, em todos os sentidos: cultural, organizacional, arquitetônica, de infraestrutura e sistemas e inclusive do próprio negócio, dado que o banco estava em um processo efervescente de transformação digital.

O ponto que me marcou no livro foi a questão de se criar uma cultura na qual as pessoas se sintam seguras. Afinal, se as pessoas sentem medo, elas muito provavelmente não conseguirão entregar 100% do seu potencial, quiçá uma mera fração disso, pois o risco de serem "punidas" pelo eventual "fracasso" é grande demais e deixa de valer a pena "arriscar".

Entretanto, o crescimento exponencial, as grandes ideias que de fato transformam e fazem uma disrupção na realidade, só florescem a partir do risco. Portanto, as pessoas precisam saber que estão em um ambiente seguro para tal, mas entendendo que se "arriscar" ou "errar" faz sentido aqui sob a ótica de inovar, criar e tentar novas soluções, o que é muito diferente de ser "leniente" ou "displicente" sobre processos e atividades críticas do dia a dia.

## Organizando ideias e compartilhando conhecimento

Aqui exploro uma iniciativa que surgiu, meio que por acaso, por volta do final de 2021, quando estava mudando de papel no banco e esse espírito de mudança me levou a refletir que seria importante fazer um *assessment* pessoal: "o que eu sei e penso sobre os principais assuntos de tecnologia?".

Até então havia tido experiências das mais diversas possíveis na vida em TI e construído uma boa visão do "todo", mas não tinha me preocupado em colocar no papel esse entendimento geral das coisas, muito menos criar uma visão estruturada do que eu pensava sobre cada coisa.

Esse foi o estopim de uma enorme reflexão, que desencadeou diversas iniciativas no sentido de organizar as minhas ideias, estruturá-las, validá-las e complementá-las a partir da interação com as demais pessoas.

Explicarei um pouco melhor na sequência os principais passos que foram se desenrolando de forma muito natural ao longo de todo esse processo, assim como todos os grandes aprendizados e "produtos" resultantes de cada etapa.

### Organizando e indexando as ideias

Uma vez clara a necessidade de aferir o que eu "sabia" e, de alguma forma, buscar também identificar o que eu "sabia que não sabia" e assim tentar reduzir o que eu "não sabia que não sabia", o primeiro passo foi criar uma visão pessoal organizada e estruturada, além de abrangente, para contemplar um universo amplo de temas relevantes para a atualidade.

Por questões óbvias, não poderia ser uma visão ampla a ponto de abarcar "tudo a respeito de tudo da vida", portanto, na hora de definir o escopo dessa visão, acabou sendo muito natural tratar do espectro de temas que mais tenho familiaridade e que faziam sentido sob uma ótica profissional.

Dessa forma, o foco foi, desde a largada, buscar estruturar as ideias sobre o que penso e entendo a respeito de uma Área de Tecnologia, além do próprio papel de um CIO e dos demais executivos de tecnologia nas organizações modernas.

Iniciei uma rotina e disciplina pessoal de navegar e consultar as mais diversas fontes de informação, sejam arquivos antigos das minhas experiências profissionais, sejam novas fontes mais atualizadas.

E quanto mais eu consultava, navegava, aprendia e organizava as ideias, mais claro foi ficando o tamanho gigantesco do bloco de coisas que eu "não sabia que não sabia".

Passei então a salvar matérias e artigos que considerava interessantes, mas estava ficando insustentável sob a ótica de organização e estruturação e, mais ainda, para a posterior recuperação e consulta de dados. E então veio o desafio: como organizar os temas e as informações?

Afinal, TI é um mundo por si só, com diversos temas, com fronteiras nem sempre objetivas e claras entre si, além de que vários dos temas muitas vezes são transversais uns sobre os outros, mudando apenas a perspectiva de análise.

Criei finalmente um modelo, no caso uma simples estrutura de pastas que me permitisse guardar o conteúdo que julgava interessante e relevante, em uma lógica que entendia fazer sentido.

A estrutura foi evoluindo ao longo do tempo e, após muitas fusões e cisões, a organização foi se ajustando até assumir uma conformação que seguiu estável desde então. Isso totalizou vinte pastas, divididas em quatro grandes blocos de assuntos globais que, de certa forma, vão de temas mais macro e com impacto mais amplo dentro das organizações, até temas mais técnicos e com aplicação primordialmente em TI:

- ***Advisory & Trends*** (Aconselhamento & Tendências): *career Advice, Self-Improvement, Inspirational Books, Tech Trends, Digital Enterprises.*

- ***IT Organization*** (Organização de TI): *o perating Model, IT Transformation, Enterprise Architecture, Infra & Operation, Cybersecurity & Risks.*

- ***Transversal Practices*** (Práticas Transversais): *innovation, Agile, ITIL, DevOps, SRE.*

- ***New Tech*** (Novas Tecnologias): *APIs, Cloud,* AI, *Data & Analytics, Virtual Reality.*

Quanto ao conteúdo das pastas, após cerca de 2 anos de coleta e organização, o conjunto dos artigos já totalizava um pouco mais de 1.500 arquivos e 4 GB de espaço em disco.

Muito disso, enquanto organização dos temas, tendências, conceitos e ideias, se refletiu diretamente na conformação e conteúdo que pode ser visto na Parte II - CIO Codex Framework.

Tenho toda a humildade para reconhecer que essa era apenas uma ínfima fração do conhecimento total do mundo, sendo apenas um mero compêndio pessoal daquilo que me pareceu mais relevante frente ao que pude capturar a partir de diversas fontes.

Ainda no tema de ser uma mera fração do todo (e o "relevante" ser uma mera opinião, afinal, para algumas pessoas pode ser básico demais ou até mesmo irrelevante), acho que aqui vale destacar algo que costumo comentar com frequência: a quantidade de conteúdo disponibilizada gratuitamente.

Somos privilegiados por vivermos em uma era na qual diversos avanços tecnológicos e sociais convergiram para uma realidade na qual é incrível a quantidade de conteúdo rico, inteligente e de qualidade disponibilizado livremente.

E os meios e ferramentas necessários para usufruir disso estão ao alcance de cada vez mais pessoas, que podem, assim, aprimorar e evoluir suas mais diversas *skills*.

Reconheço que uma boa parte desse conteúdo muitas vezes é "vanilla" ou genérico, de forma que, para que seja efetivamente útil e aplicável em um caso concreto, precisa ser analisado sob uma ótica de visão crítica do que faz ou não sentido no contexto de cada organização. De qualquer forma, funciona no mínimo como um "*quick start*" ou mesmo para se manter atualizado e saber que esses conceitos existem.

O desafio é ter o tempo, o foco e a dedicação necessária para ler, absorver e aprender, algo que depende da disciplina e vontade de cada um.

De qualquer forma, acredito que essa atitude individual é um pré-requisito básico para o progresso e a realização pessoal de todos que se propõem a fazer esse esforço extra, ainda que o resultado só seja perceptível ao longo de algum tempo.

## Escolhendo fontes de informação e inspiração

Falando um pouco sobre essas fontes, fui seletivo, a fim de capturar artigos, matérias, notícias e opiniões de boa reputação, além de buscar pessoas e empresas com pontos de vista diferentes, eventualmente divergentes ou que competiam entre si. Afinal, sou adepto do conceito da colisão de ideias tão bem abordado pelo livro "De Onde Vêm as Boas Ideias".

Primeiramente, usei as diversas *newsletters* as quais já era inscrito e recheavam a minha caixa de e-mail. Originalmente já tinha algumas e fui expandindo essa modalidade, agregando o uso de redes sociais, por conta da natureza intrínseca de diversidade e a facilidade de acesso às fontes e o dinamismo e frequência de novos conteúdos.

Nesse sentido, posso classificar minhas principais fontes em algumas grandes categorias como Observatórios e Empresas de Pesquisa, Publicações de Tecnologia, Consultorias e Empresas de Tecnologia, CEOs & Founders, além de Influencers e Executivos do mercado.

Um ponto que acrescento aqui é que, ao se acompanhar múltiplas fontes de informação, ao longo de um certo período de tempo, você começa a perceber o quanto os assuntos são algumas vezes "requentados", assim como muitas *hypes* nascem e morrem.

## Definindo os objetivos estratégicos

Apesar de ir acumulando tanta informação que me parecia útil e organizá-la de alguma forma que pudesse fazer algum sentido, não havia até então exercitado conscientemente a geração de pontos de vista sobre cada um daqueles inúmeros temas.

Me perguntei então sobre o que eu achava sobre cada um daqueles *papers*. O que eu, dentro da minha experiência de vida, podia concordar, discordar ou argumentar sobre cada um daqueles tópicos?

Foi muito revelador para mim perceber que, por mais que me julgasse bem-informado, ter a "informação" era muito diferente de efetivamente "saber" e "conhecer" de forma estruturada os assuntos, mesmo aqueles que rodeiam seu cotidiano profissional.

E então entrou o LinkedIn nessa história, para criar uma estratégia para compartilhar e debater temas que expressavam a minha personalidade e meus interesses, organizada em cinco objetivos principais para essa rede social:

1. Atualizar e reciclar conhecimento, buscando me manter up-to-date das principais tendências e cases reais de mercado, aqui com toda a humildade para reconhecer que ninguém sabe tudo a respeito de tudo. Como já dizia aquela série antiga Arquivo X: "The truth is out there" e, nesse sentido, nada mais certo do que se abrir ao mundo para seguir aprendendo.

Aqui eu me refiro a aumentar a quantidade de "coisas que sabemos", reduzir o que "não sabemos" e ao menos tentar minimizar o gap sobre aquilo que "nem sabemos que não sabemos".

2. Estruturar ideias e opiniões próprias, eventualmente, me tornando uma voz relevante e influente nos temas que abordo com maior frequência. Julgo ser positivo para a carreira de qualquer pessoa, primeiro por te incentivar a gerar uma opinião própria estruturada sobre cada assunto. Afinal, para escrever você primeiramente precisa organizar o que você pensa sobre aquele determinado tema e, em segundo lugar, apesar dos riscos inerentes de expressar suas opiniões (acredite, é impossível agradar a todos), creio que a exposição gerada é majoritariamente positiva para a promoção profissional e criação de vínculos pessoais.

3. Criar uma rede de contatos e influência que facilite a atração de talentos com os quais possa trabalhar junto no futuro. Como apontei anteriormente, tudo é feito por e para pessoas e é fundamental maximizar as chances de ter os grandes talentos trabalhando ao seu lado. Atrair essas pessoas tende a ser mais fácil quando elas sabem e possuem afinidade com aquilo que você pensa, fala e faz.

4. Estabelecer um canal para comunicação direta e ter influência sobre temas de interesse para as pessoas com as quais trabalho, integrantes dos times e outros colegas da empresa, divulgando e fundamentando seus pontos de vista sobre diversos temas conceituais. Assuntos que muito frequentemente se manifestam na própria realidade do trabalho no cotidiano das empresas. Isso facilita a divulgação do que e como você pensa e minimiza as surpresas no dia a dia.

5. Promover o engajamento das pessoas dos times a partir de posts de reconhecimento, divulgação de iniciativas e ações

relevantes do dia a dia. Acredito que esta seja uma excelente ferramenta para fortalecer o senso de pertencimento, divulgar e compartilhar o propósito, assim como promover uma comunicação direta (ainda que assíncrona) e com uma enorme capilaridade nos diversos níveis da organização, de forma independente e mais natural do que nos canais formais das empresas.

Ter direcionadores e objetivos claros sobre algo te permite traçar uma estratégia de como chegar lá, isso muda todo o jogo. Te permite estar no controle (ao menos dentro daquilo que é possível controlar) e guiar a jornada, ao invés de ficar apenas à mercê do que acontece no mundo ao seu redor.

## Criando uma abordagem editorial

Ao fazer uso mais intensivo do LinkedIn e postar, então, minha visão, baseada nas minhas experiências pessoais sobre diversos temas de TI, o próximo passo natural foi ter mais claro quais os temas que, de fato, eu teria algo de útil para agregar.

Foi ficando claro que não fazia muito sentido apenas publicar *links* dos temas seguindo diretamente a estrutura de pastas que havia organizado, pois senão seriam apenas *posts* e temas abordados de forma muito dispersa e aleatória, sem uma coesão maior de quais ideias e grandes tópicos eu efetivamente desejava discutir.

Em pouco tempo foi, consciente ou inconscientemente, se organizando em uma abordagem mais inteligente de "*go to market*", consolidando os temas de uma forma mais coerente e inteligível sob uma perspectiva conceitual para um público mais amplo e diverso.

Consolidando tudo isso, defini os cinco tópicos macro que, talvez, façam sentido serem chamados de "pilares editoriais", sobre os quais posto e comento com maior frequência:

1. **Estratégia, Transformação e Operação Digital**: tudo relacionado com a geração de estratégias empresariais digitais, a sua derivação na estratégia em *TI*, as principais iniciativas para, de fato, realizar a transformação, e por fim, uma operação em um formato digital.

2. **Mercado e Tendências de Bancos e Seguradoras:** as principais projeções, expectativas, tendências e novidades do setor financeiro, tanto nacional quanto global, assim como as principais movimentações no mundo enterprise de tecnologia.

3. **Tecnologia e Inovação**: grandes novidades do universo tech, com notícias e novidades em *Cloud, Data & Analytics, RPA, No e Low-code*, e como não podia faltar, *Artificial Intelligence.*

4. **Pessoas, Liderança e Carreira**: ainda no mantra de que tudo é feito por e para pessoas, não poderia deixar de lado temas tão relevantes nessa dimensão, como lidar, desenvolver e liderar pessoas, inclusive as suas principais competências de liderança.

5. **Divulgação, Engajamento e Reflexões**: também faz parte do escopo usual fazer publicações para a divulgação de eventos e conquistas corporativas das empresas em que atuo, iniciativas de engajamento e reconhecimento dos times e pessoas com quem trabalho, além de reflexões filosóficas sobre a vida.

Esses pilares não nasceram organizados logo de largada, mas com o passar do tempo, foram se tornando naturalmente claros. Todo o processo de organização de ideias e posterior compartilhamento de conhecimento, foi se tornando cada vez mais fácil com essa estratégia montada.

## Compartilhando e lapidando conhecimento

Quando olho para esse horizonte de cerca de 2 anos e todo o compartilhamento e "colisão" de ideias nas redes sociais, fico impressionado com os grandes números, primeiramente sob a ótica dos resultados quantitativos.

Desde então lá se foram cerca de 1000 posts, com uma interação do público crescente, que se refletiu em um volume crescente de impressões, engajamento, seguidores e conexões.

Posso dizer que uma das consequências dessa iniciativa de compartilhar e discutir ideias foi a própria criação do CIO Codex, seja na derivação direta em artigos, seja de uma forma mais indireta, na estruturação das ideias para a criação do *framework* em si.

De qualquer forma, o mais importante foram os resultados qualitativos. Estes resultados são muito enriquecedores e as conversas que se originam a partir destes *posts* e seguem adiante nas próprias plataformas digitais via comentários ou mensagens, com muitos *feedbacks*, complementações, às vezes correções, mas geralmente agregações de dados, informações e novas fontes que recebo o tempo todo.

Quando consolido todos esses aspectos, posso dizer que se dá um processo quase mágico de "lapidação" do conhecimento a partir do compartilhamento de ideias e engajamento mútuo com tantas outras pessoas.

Fazendo uso deste processo constante e intensivo de troca e interação com uma rede de *networking* com milhares de outras pessoas, isso tudo foi se transformando em algo com um propósito muito maior, de validar, desafiar e complementar a minha percepção, minhas ideias e o próprio viés pessoal que eu tinha (ou tenho) sobre cada assunto.

Essa jornada de alguns anos foi uma grande expressão prática da filosofia de *Lifelong Learning*, mas em um ritmo bastante acelerado.

Sendo assim, sei que tudo isso não possui valor acadêmico formal, mas quando olho para os resultados alcançados, além dos impactos desses resultados no médio e longo prazo, considero que todo esse compêndio de conhecimento e processo de evolução (ou transformação) profissional e pessoal como basicamente um "MBA Prático" que poderia agregar ao meu currículo.

A propósito, voltando ao termo "compêndio", esse era o nome original da pasta principal onde estava todo esse conteúdo que comecei a acumular, o que depois foi rebatizado para "CIO Knowledge" e por fim, "CIO Codex".

Muito conteúdo ainda será publicado nos próximos meses e anos, abrangendo temas dos mais diversos, porém, agora com uma estratégia e alcance que espero ser significativamente aumentado a partir de uma abordagem digital.

## Reconectando com o mercado

E para fechar as peças e os movimentos que se complementam e potencializam basicamente todas ao mesmo tempo, não teria como deixar de lado a própria reconexão com o mercado.

Creio que este seja um dos aspectos mais marcantes para qualquer pessoa que esteja passando por um momento de transição de carreira.

Falando apenas por mim, desde que iniciei minha jornada profissional, essa foi a primeira vez que deixei um emprego sem ter outro devidamente acordado e com data de início planejada. Em outras palavras, foi a primeira vez que passei pela experiência de ir dormir em um dado dia sem saber onde iria trabalhar no dia seguinte.

Ao longo de tantos anos, já havia conversado com muitos amigos e colegas que passaram por alguma situação similar. Então, não posso dizer que é algo absolutamente desconhecido, mas por mais empático que se possa buscar ser, não há nada que se compare com passar pela situação você mesmo.

Como lição principal disso, tirei a importância de se escorar no Estoicismo, reconhecendo que existem coisas na vida as quais simplesmente não se pode controlar e essa situação é claramente do tipo que não depende apenas de você.

É necessário buscar a serenidade para aceitar que por mais que se possa querer acelerar as coisas, elas se darão não apenas no seu tempo, mas no tempo do próprio mercado.

Muito embora, tenho que admitir que é bem mais fácil escrever ou falar do que efetivamente viver, especialmente naqueles momentos de absoluta calmaria, os quais às vezes se passam semanas sem que nada aconteça e nenhuma novidade surja no horizonte.

E dentro de todo esse processo de reconexão com o mercado, deixo a seguir a recomendação de algumas iniciativas que julgo terem sido muito úteis no meu caso, organizadas em cinco grandes tópicos, que podem ser úteis para outras pessoas.

## Expondo ideias e opiniões

Sem sombra de dúvidas, uma das iniciativas que dei mais atenção foi criar e publicar conhecimento e conteúdo, *vide* tudo o que expliquei no capítulo anterior sobre "Compartilhando e lapidando conhecimento".

Acredito que essa é uma boa forma de expor não apenas o que se pensa sobre diversos temas, mas também a lógica por trás de como se pensa, a partir dos principais valores que norteiam a sua própria visão de mundo.

E o fato de fazer isso de maneira recorrente reforça, para quem está lendo, que se trata de uma visão autêntica, honesta, sincera e transparente. Afinal, não dá para ser artificial sem acabar caindo em contradição com você mesmo no médio ou longo prazo.

Como diz aquela frase sensacional do Lincoln: "Você pode enganar algumas pessoas o tempo todo ou todas as pessoas durante algum tempo, mas você não pode enganar todas as pessoas o tempo todo."

Acredito que isso me permitiu colher bons resultados, tanto na evolução pessoal, quanto na criação de uma boa reputação e, por fim, na criação de "produtos finais" que espero serem úteis para a sociedade, como este livro e o próprio portal CIO Codex, ou mesmo as publicações em redes sociais.

## Participando de eventos e palestras

Nessa frente tive muitas experiências sensacionais nos últimos anos. Desde há muito tempo eu já vinha buscando aprimorar minhas *skills* de apresentação, uma vez que sou um grande admirador da arte da oratória e da retórica, embora reconheça que sou um simples e eterno aprendiz neste mundo e ainda tenho um longo caminho a percorrer.

Tive a oportunidade de palestrar em grandes eventos, nos quais pude apresentar ou mediar debates, algo que me ajudou muito a mudar meu patamar pessoal em termos de apresentações. Afinal, foram eventos com um tamanho de público muito superior aos que eu jamais havia falado até então.

Acredito que participar dessas oportunidades é algo absolutamente benéfico, primeiramente por permitir que você se desafie, uma vez que falar em público é algo que causa medo e receio para muita gente e a melhor forma de evoluir neste sentido é justamente praticando.

E em segundo lugar, traz o benefício de se expor profissionalmente, destacando o aspecto da capacidade de comunicação, um quesito que sempre foi, mas a cada dia se torna mais importante nas organizações e na sociedade como um todo.

E por fim, como um benefício "colateral", para poder falar sobre algo, é necessário que você se prepare sobre aquele determinado assunto em especial. Acredito que conseguir estruturar e digerir o conhecimento, para então poder apresentá-lo, é positivo para toda e qualquer pessoa.

É igualmente importante participar também como expectador, sendo que não faltam eventos com conteúdo muito rico aqui no próprio Brasil, muitos dos quais gratuitos, bastando ficar atento quanto à oportunidade de inscrição.

Manter a disciplina em participar destes eventos ajuda muito a entender para onde o mercado está seguindo, se atualizar nos assuntos mais recentes, além de encontrar muita gente do setor de tecnologia, fomentando o processo de *networking*.

## Expandindo a formação acadêmica

Abordei esse tema no capítulo "Abraçando o Lifelong Learning", afinal ele tem muito a ver com as grandes peças e movimentos que já vinham se desenrolando há algum tempo, mas que acabaram desembocando em ações mais concretas nesse momento específico da minha vida.

Além disso, estes cursos e treinamentos possuem o efeito adicional de funcionarem muito bem como uma frente de reconexão com o mercado.

Afinal, uma vez que você opte por temas atuais no cenário corporativo, são muito grandes as chances de se conectar com pessoas e empresas relevantes no seu ramo de atuação.

## Estruturando uma abordagem perene de networking

Sempre escutei sobre a importância de se criar e manter *networking*, mas até pouco tempo atrás, nunca havia pensado nesse tema de uma forma mais estruturada e holística.

Até então, a enxergava como uma iniciativa *ad hoc*, realizada a partir de almoços, reuniões e eventos, mas nada organizado de uma maneira mais abrangente ou com intenção genuína nesse sentido.

Foi então que passei a fazer parte de grupos de *networking*, que têm como foco e propósito exatamente a disponibilização de canais, ambientes e eventos que promovem o *networking* de qualidade.

Os encontros e eventos são sempre muito interessantes, pelo espírito de boa-vontade e interesse genuíno dos integrantes em se conhecerem e investirem seu tempo pessoal (mais uma vez, um dos ativos mais raros que qualquer pessoa tem hoje em dia) na criação e cultivo de relações.

E nesta linha, me parece fazer todo o sentido pensar em como criar e manter um *networking* de qualidade, algo que extrapola a simples ideia de ter alguém como "conexão no LinkedIn". Vai mais na direção de estabelecer relacionamentos interpessoais que agreguem valor mútuo.

E isto passa por buscar ser uma pessoa melhor a cada dia, uma pessoa percebida como tendo valor intrínseco enquanto indivíduo, não apenas enquanto parte de uma corporação.

Assim como as frentes anteriores, esta possui benefícios que vão muito além da simples conexão com o mercado. Vale ressaltar que são práticas que exigem disciplina para que se tornem ações recorrentes e com resultados no longo prazo.

## Restabelecendo contatos

E por fim, de certa forma consolidando as quatro frentes que citei, como uma atividade complementar às quatro, mas, ao mesmo tempo, também derivada das mesmas, posso incluir o simples restabelecimento de contatos.

Quando parei para avaliar com quanta gente já interagi ao longo de minha carreira profissional, mesmo que limitando a um horizonte de tempo mais recente, algo na casa de uns 5 anos, o número em que cheguei foi bem expressivo.

E nessa conta incluo os diversos tipos de interação: pessoas com quem trabalhei diretamente, pessoas para as quais prestei serviços, pessoas as quais me prestaram serviços ou mesmo pessoas com as quais apenas discuti a possibilidade de negócios em comum.

E somado a isso, incluo também as pessoas que conheci nas diversas modalidades de frentes de conexão com o mercado que citei anteriormente neste capítulo, como interações em redes sociais, participações em eventos, expansão da formação acadêmica ou via canais de *networking*.

Desde há muito tempo acredito que todos nós, cedo ou tarde, colhemos aquilo que plantamos e que isso é uma inevitabilidade da vida. Sendo assim, deveríamos guiar nossas ações cotidianas a partir desta premissa, buscando sermos pessoas melhores a cada dia.

Neste sentido, o processo todo deve ser de aprendizado eterno, de forma que as sementes que vão sendo plantadas ao longo da vida e da carreira vão amadurecendo, frutificando em oportunidades futuras.

CAPÍTULO 3

# A epifania de um propósito

E finalmente chegamos ao final desta primeira parte do livro fechando o registro histórico da minha jornada e explicando como vim parar em TI, com alguns episódios da minha trajetória até aqui.

Originalmente meu plano era o de simplesmente apresentar os principais momentos da minha Saga, comentando muitas das experiências, nas quais busquei, nos momentos que achei pertinente, mesclar passagens do passado com *insights* e conclusões contemporâneas, ressaltando seus pontos de conexão com a Parte II e o CIO Codex Framework.

Com o avançar do conteúdo, as ideias foram ficando mais organizadas, deixando claro todo um momento de vida e de peças inter-relacionadas que já vinham se desenrolando. Estas peças culminaram em um grande sentimento de Catarse, que assim espero, sirva para conectar outras pessoas que estejam passando por um momento similar de reflexão sobre suas vidas e carreiras.

Avançando, por conta de tantas histórias sendo relembradas, estruturadas e escritas, veio um daqueles momentos de "Eureka" da vida, em que surge uma grande ideia.

E esta ideia veio desta avalanche de outras ideias, que por sua vez, culminaram em algumas grandes provocações pessoais:

- E se eu colocasse todo esse conteúdo que já vinha compartilhando em posts aleatórios em uma visão mais coesa e estruturada?

- E se essa visão integral do todo já possuir por si só o conteúdo e a substância suficiente para criar algo que seja maior e mais especial?

- E se eu recheasse esse conteúdo com conceitos e opiniões, de maneira a criar uma obra mais autoral, agregando casos e experiências reais, além de aprendizados pessoais?

- E se esse conjunto da obra pudesse ajudar a mais gente que está começando? Talvez alguém possa ter um pontapé inicial com alguma base prática e eu possa retribuir de alguma forma ao universo, ao menos em parte, de tudo o que recebi de especial ao longo dessas décadas?

- E se tudo isso não for um simples conjunto de eventos aleatórios, mas sim a conclusão de um propósito especial, me permitindo deixar algo que seja maior do que a simples somatória das partes, que seja mais perene e que possa ter um uso mais amplo e massivo?

Dessa epifania veio a conclusão de que o conteúdo até aqui, contando **A Saga, a Catarse e a Epifania**, funcionou, na verdade, como "O porquê do porquê" no qual expliquei as bases de experiências e valores pessoais que moldaram minha visão do mundo e da vida e que, invariavelmente, são expressas nas opiniões dos conteúdos subsequentes.

E assim se fortaleceu a ideia de concluir esta primeira parte do livro de uma maneira que me pareceu bastante pertinente e útil, dividida em duas grandes partes:

1. Primeiramente, dentro do mais puro espírito de deixar algo melhor do que recebi, vem o capítulo em que compartilho alguns grandes conselhos e dicas gerais. É uma visão consolidada das grandes lições que tirei de tudo o que vivi, que se somam às diversas outras lições que já fui deixando ao longo dos demais capítulos anteriores deste livro.

2. Em segundo lugar, e provavelmente de forma mais impactante e perene, veio a conclusão de criar um framework próprio para organizar uma área de tecnologia, mas não apenas aqui em um livro, mas também dando continuidade à obra a partir de um canal digital, criando um portal recheado de conteúdo e novidades, o que acabou por se concretizar a partir do CIO Codex.

Na sequência explorarei melhor cada um desses dois caminhos da abertura do livro, primeiramente apresentando meus conselhos de vida, muitos dos quais já foram, de alguma forma expressos ao longo da história até aqui, mas que ainda assim, me pareceu interessante organizar em uma visão consolidada e mais bem estruturada.

E depois, uma explanação sobre a continuidade da obra, seja no portal *web*, seja como apresentado na Parte II deste livro, no formato de guia de referência dos principais tópicos do CIO Codex Framework.

## Conselhos de vida

Há algum tempo li um *post* no qual o autor falava sobre o que ele faria se pudesse voltar no tempo e então dar um conselho para ele mesmo em sua versão mais jovem.

Adorei pensar sobre esse exercício mental hipotético e fiquei pensando sobre o que eu falaria para o meu "eu mais jovem" de algumas décadas atrás. E concluí que eu teria focado meus esforços de persuasão reforçando a importância da persistência e consistência em seguir aprendendo ao longo da vida.

Eu teceria comentários sobre o como seria útil em uma visão de médio e longo prazo se eu fizesse um melhor uso de todo aquele tempo livre que eu tinha. Destacaria que eu não tinha a menor ideia naquele momento do que realmente significa não ter tempo livre ou o quão valioso seria cada "slot disponível na agenda" no futuro, quando na vida adulta já como pai. Mais uma vez, recaio na importância do tempo como ativo mais valioso de qualquer pessoa.

Falaria sobre a "teoria das 10 mil horas de prática" para se tornar um *expert* em qualquer assunto e, nesse sentido, o quanto a gente poderia aprender sobre tantas coisas ao longo das décadas que ainda teremos pela frente.

Nesse exercício, eu confesso que não tenho certeza se o meu "eu jovem" teria dado a atenção devida ou ainda ter a maturidade para conseguir capturar a sabedoria do que aquele "eu velho" estava falando, mas ainda assim valeria a pena a tentativa.

E digo isso com a humildade de quem reconhece aquela boa máxima que diz algo como "se conselho fosse bom ninguém dava, apenas vendia".

Por tabela, não sei dizer hoje, com antecedência, se o que escrevo aqui neste livro poderá ser útil para alguém, mas ainda assim, igualmente tenho a convicção de que vale a pena a tentativa.

Acredito que o universo de TI é uma área maravilhosa e apaixonante, embora esta opinião mereça ser ponderada por conta de toda a parcialidade de alguém que segue vivendo esta vida há mais de vinte anos. Ainda assim, destaco que ela possui um grande diferencial frente a outras áreas de "exatas", pelo fato de, ao contrário do que muitos pensam, ela ser altamente democrática.

E essa minha crença vem dos inúmeros exemplos reais que presenciei de pessoas das mais variadas origens sociais e possibilidades financeiras que conseguiram ingressar e ser bem-sucedidas na área.

Repito aqui também aquele ditado que "a vida é uma caixinha de surpresas" e vale a pena se manter aberto para os caminhos que vão se abrindo ao longo da jornada.

Enfim, sigamos adiante com 10 grandes conselhos distribuídos no eixo profissional e no eixo pessoal, valendo ressaltar que apesar da organização em dois eixos distintos, grande parte das mensagens por trás de cada conselho é intercambiável entre ambos os eixos sob uma perspectiva conceitual.

Isto porque cada indivíduo possui esta dualidade de forma intrínseca naturalmente interconectada no seu cotidiano enquanto pessoa, alternando momentos como líder e liderado, empregado e empregador, profissional e cidadão, professor e aprendiz, pai ou mãe e filho ou filha.

Iniciando pelo eixo dos conselhos profissionais, trago à tona reflexões que moldaram minha carreira como profissional de tecnologia.

Cada um destes conselhos representa um capítulo na minha jornada profissional e ainda que o leitor não os encare como recomendações que sirvam ao menos como um convite à reflexão pessoal de cada um.

Que eles possam oferecer uma nova perspectiva e talvez iluminar o caminho para aqueles que buscam crescimento e sucesso em suas carreiras profissionais.

## Tudo é feito por e para pessoas

Refletindo sobre minha trajetória na Tecnologia da Informação, compreendo o valor inestimável das pessoas nessa e em qualquer área.

Frequentemente, a sociedade vê a TI como meramente computadores e sistemas, mas na realidade, ela é profundamente humana, onde tudo é feito por e para pessoas.

Este entendimento transformou-se em um princípio fundamental na minha carreira, evidenciando que, apesar da fascinação pela tecnologia, são as pessoas que impulsionam o sucesso e a inovação.

Entendi que o elemento humano é crucial, desde a definição de objetivos até a execução, de forma que a valorização dos colegas, clientes e parceiros, além da compreensão de suas necessidades e aspirações, são essenciais.

A comunicação eficaz é a chave, construindo pontes e entendendo contextos em cada reunião ou *brainstorming*, pois a promoção para que todas as vozes sejam ouvidas e consideradas é vital para um ambiente onde ideias florescem e a inovação prospere.

Com o tempo, percebi a importância de nutrir e desenvolver talentos. Investir no potencial humano tornou-se uma missão pessoal, seja por mentorias ou apoio ao crescimento profissional e pessoal. Uma organização só atinge seu verdadeiro potencial valorizando e desenvolvendo talentos.

## O poder do juntos

Destaco aqui a importância de uma visão compartilhada e a colaboração no ambiente corporativo, pois percebo que estes conceitos vão além do trabalho em equipe, representando a essência de uma cultura de cooperação e objetivos comuns.

Ao longo da minha carreira, entendi que uma visão clara e inspiradora se torna poderosa quando é vivida por toda a equipe, não apenas como um destino, mas como um norte que guia e fortalece o propósito em cada tarefa e projeto, fomentando a coesão do grupo.

A colaboração é crucial neste contexto, pois a sinergia de trabalhar juntos não é apenas a soma de habilidades, mas a multiplicação de perspectivas, ideias e energias. Com o tempo, compreendi que grandes realizações são fruto de uma jornada compartilhada.

Esta perspectiva também moldou minha visão de liderança. Como líder, percebi que meu papel vai além de guiar, é criar um ambiente onde todos possam contribuir, compartilhar e se sentir valorizados.

Isso inclui criar espaços seguros para diálogo, encorajar a inovação e garantir que todos se sintam essenciais no processo, pois só assim se cria e fortalece o sentimento de pertencimento, e consequentemente, o próprio conceito de grupo.

Aprendi que a visão compartilhada deve ser dinâmica e adaptável, especialmente em um setor tão mutável como o de TI. Manter um diálogo aberto sobre nossa direção é vital para a visão permanecer relevante e alinhada com as constantes mudanças do mercado e inovações tecnológicas.

## Uma TI não é feita apenas por desenvolvedores

Me concentro aqui na diversidade de competências na área de TI, pois entendo que a verdadeira inovação e excelência em TI surgem de um mosaico de habilidades diversas e complementares.

A TI não se restringe apenas aos desenvolvedores e especialistas em infraestrutura, mas é um ecossistema rico no qual variadas competências e perspectivas se complementam.

Minha experiência me mostrou a importância de explorar todos os talentos disponíveis, criando oportunidades para que competências distintas contribuam para os objetivos organizacionais.

Incluir habilidades não tradicionalmente associadas à TI, como criatividade, pensamento crítico e conhecimento de domínio específico, tornou-se fundamental na gestão de talentos.

Profissionais de áreas como *design*, *marketing*, finanças e psicologia enriquecem os projetos de TI com perspectivas únicas, levando a inovações mais robustas e soluções alinhadas às necessidades dos clientes.

Reconheço a importância de promover um ambiente de aprendizagem contínua e desenvolvimento de habilidades múltiplas.

Em um setor em constante evolução, adaptar-se e aprender novas competências é tão crucial quanto a especialização. Incentivo oportunidades de treinamento, *workshops* e projetos interdisciplinares para expandir os repertórios de habilidades das equipes.

Enfatizo também o valor da contribuição individual no contexto da equipe, por ser essencial reconhecer e celebrar as habilidades e experiências únicas de cada pessoa, criando um ambiente de trabalho onde a diversidade é vista como um motor para criatividade e excelência.

## A tecnologia não é um fim em si

Aqui o destaque fica para a ideia de que a tecnologia, embora fascinante, deve ser vista como um meio para atingir objetivos organizacionais e não um fim em si, reforçando a necessidade de alinhar inovações tecnológicas com as metas mais amplas da organização.

Ao longo da minha carreira, fiquei fascinado pelas possibilidades oferecidas pela tecnologia. No entanto, percebi que o verdadeiro valor da tecnologia não está apenas em sua complexidade ou potencial inovador, mas em como ela pode ser usada para transformar e impulsionar os negócios.

Isso me levou a questionar frequentemente se estamos maximizando o impacto da tecnologia para a organização e alinhando nossos esforços tecnológicos com os objetivos do negócio.

Um aspecto crítico deste conselho é a adoção de uma mentalidade centrada no cliente. Em um mundo em constante evolução tecnológica, é essencial focar em como a tecnologia pode melhorar a vida das pessoas, satisfazer suas necessidades e exceder suas expectativas.

Isso exige um entendimento profundo do mercado, dos clientes e de como a tecnologia pode ser um diferencial na entrega de produtos e serviços inovadores.

Além disso, este conselho enfatiza a importância de uma abordagem equilibrada para a tecnologia. Como profissionais de TI, devemos resistir à tentação de ver a tecnologia como um objetivo isolado e focar em como ela pode ser um facilitador estratégico para alcançar uma gama mais ampla de objetivos organizacionais.

Isso requer uma visão holística que integre a tecnologia com outras funções de negócio, assegurando sua contribuição efetiva para a estratégia e o sucesso global da organização.

## A cultura é um ingrediente chave

Fechando o eixo profissional, foco na cultura corporativa, um elemento crucial para o sucesso ou fracasso de qualquer organização.

Minha experiência me mostrou como a cultura empresarial influencia todos os aspectos da operação de uma empresa, sendo que ela é mais do que textos escritos em uma placa, ela é a expressão viva dos valores, crenças e comportamentos que permeiam todos os níveis da organização.

"Cultura é o que fazemos quando ninguém está olhando", disse Nizan Guanaes. Esta perspectiva me faz questionar se a cultura de uma organização reflete verdadeiramente os valores declarados e se promove um ambiente que fomenta comportamentos desejados para sucesso a longo prazo.

Reforço que a cultura não pode ser comprada ou copiada, ela deve ser cuidadosamente cultivada e promovida pela liderança, sendo fundamental contribuir pessoalmente, praticando os comportamentos e valores que desejamos ver na organização, como integridade, transparência e respeito, incentivando outros a fazerem o mesmo.

Além disso, é essencial alinhar a cultura corporativa com o propósito e a visão da organização, valorizando inovação, colaboração e adaptabilidade, especialmente devido ao dinamismo de toda a sociedade nessa nossa era digital.

Este conselho também enfatiza a importância de o indivíduo avaliar honestamente se a cultura da empresa (assim como os valores sobre os quais ela se baseia) se alinha com seus valores pessoais, e caso não, deve-se considerar se há espaço para ser um agente de mudança, ou então buscar um ambiente mais adequado aos seus anseios.

A avaliação contínua da cultura organizacional é crucial, envolvendo coleta de *feedback*, observação de comportamentos e ajustes conforme necessários, mantendo a cultura relevante, alinhada às necessidades atuais e futuras da organização e das pessoas.

Agora, refletindo sobre o eixo dos conselhos pessoais, sinto uma conexão íntima e profunda com cada lição aprendida ao longo da minha trajetória como uma pessoa em busca da constante evolução.

Estes conselhos, que são explorados a seguir, são mais que meras palavras, mas sim reflexões pessoais cuidadosamente capturadas e curadas a partir da minha experiência de vida, tanto nos altos quanto nos baixos.

Embora distintos, estão interligados e formam a base de algo que poderia chamar de a minha "filosofia de vida". São o reflexo dos valores e princípios pessoais que me guiaram e moldaram quem sou hoje.

Ao compartilhar essas reflexões, espero que sirvam de guia e inspiração para outros em suas jornadas de vida.

## Compromisso com o justo

Neste primeiro conselho do eixo pessoal, ressalto a grande importância de viver uma vida pautada na justiça e integridade. Este princípio, se baseia na crença profunda na virtude de agir corretamente, não só como um dever, mas como um compromisso comigo mesmo e com o mundo ao meu redor.

Desde o início da minha carreira, orientei minhas ações pelo que considerei justo, mesmo sabendo que a justiça pode ser um conceito relativo, influenciado pelo contexto e informações disponíveis.

E isso acaba por se misturar com ser correto e honesto, mesmo naqueles momentos em que ninguém está olhando, resistindo às tentações de pegar atalhos. É um eco da ideia de que o correto permanece correto, independentemente da conduta dos demais.

Tem a ver também com não apenas falar a verdade, mas viver a verdade, refletida no tratamento com os outros, na condução de negócios e na forma como se apresentar ao mundo.

Este conselho também abrange a responsabilidade pessoal e a autorreflexão. Cada escolha é uma renúncia e cada ação têm suas consequências, sendo essencial aceitá-las e aprender com elas. Isto requer uma avaliação constante das decisões e atitudes para garantir que estejam alinhadas com seus valores.

## O propósito da vida é aprender e evoluir

Aqui o enfoque se dá na importância do aprendizado e da evolução contínua como o propósito fundamental da vida.

Esta filosofia que adoto com fervor se baseia na crença inabalável de que estamos sempre em processo de aprendizado e cada experiência, seja ela desafiadora ou gratificante, é uma oportunidade única para crescimento e aprimoramento.

Desde o início da minha carreira, aprendi a ver cada novo projeto, obstáculo e sucesso como uma oportunidade de aprendizagem.

Isso me levou à humildade de reconhecer que nunca se sabe tudo e a manter uma postura aberta a novas ideias e conhecimentos, abraçando o conceito de *lifelong learning*.

Nesse percurso, enfrentei desafios que testaram minha resiliência e força, ensinando a importância da serenidade e da percepção de que cada desafio é uma chance de aprender algo valioso.

Mais uma vez, a ideia de que "o que importa não é o destino, mas sim a jornada" faz muito sentido para mim, ajudando a transformar as experiências mais difíceis em lições valiosas.

A empatia também é um elemento crucial neste conselho, por ser importante reconhecer que todos estão em suas próprias jornadas de aprendizado e evolução.

Desenvolver habilidades de empatia e compaixão cria conexões mais significativas, tanto na vida pessoal quanto no ambiente de trabalho, valorizando as jornadas únicas de cada indivíduo.

Além disso, enfatizo a importância de aplicar o aprendizado em ações concretas, significando não apenas absorver conhecimentos, mas também implementá-los de maneiras que enriqueçam a sua vida e a dos outros. Vejo a aplicação prática do aprendizado como uma grande fonte de satisfação e crescimento.

## Busca constante da excelência

Neste tópico abordo a busca contínua pela excelência, um conceito que tem sido um objetivo significativo em minha vida.

Este conselho reflete a convicção de que, embora a perfeição seja inatingível, esta aspiração faz todo o sentido para quem busca o crescimento contínuo e autoaperfeiçoamento.

Reconheço que a perfeição é uma meta inalcançável no plano físico, mas isso não nos impede de nos inspirarmos nela. Buscar a excelência significa fazer o melhor possível dentro das nossas capacidades e recursos, sempre questionando: estou fazendo o meu melhor? Estou elevando meus padrões e desafiando meus próprios limites?

Esta aspiração à excelência se estende para todas as dimensões da vida. Envolve prestar atenção nos detalhes, se comprometer com a melhoria contínua e não se contentar com o "suficientemente bom".

Lembro-me da parábola do "relojoeiro suíço", que simboliza a busca pela excelência mesmo nos detalhes que ninguém vê, pois "Deus está vendo".

Aqui a reflexão e autoavaliação são essenciais, aceitando *feedbacks* e estando aberto às novas maneiras de pensar e agir, reforçando o compromisso com práticas que conduzem ao crescimento constante, tanto pessoal quanto profissional.

Encaro a busca pela excelência como uma jornada, não um destino. Cada projeto concluído e cada objetivo alcançado são passos em direção a padrões mais elevados de realização e satisfação. Não se trata apenas de buscar resultados de alta qualidade, mas também de apreciar o processo e aprender com cada passo, incluindo tanto as vitórias quanto as derrotas.

Outro aspecto crucial é manter um equilíbrio saudável entre as aspirações profissionais e o bem-estar pessoal. A busca pela excelência não deve levar ao esgotamento ou à negligência de outras áreas da vida. Assim, é importante encontrar maneiras de equilibrar as ambições com o bem-estar e a atenção às suas necessidades pessoais.

## Todos têm o direito de perseguir a sua felicidade

Este conselho fala da busca e do cultivo da felicidade em todas as dimensões da vida. Este conselho realça a necessidade de alinhar nossas ações e escolhas com aquilo que genuinamente nos traz alegria e satisfação.

Durante minha carreira percebi a importância de equilibrar as responsabilidades profissionais com atividades que trazem felicidade. Isso requer um certo senso crítico e disposição para questionar e reavaliar gostos e prioridades. Eu frequentemente me perguntava: "Estou encontrando satisfação no meu trabalho? O que realmente significa ser feliz?"

Entendi que a felicidade é uma jornada com múltiplas dimensões, que inclui descobrir e perseguir suas paixões, criar um ambiente de trabalho que promova bem-estar e valorizar momentos simples com familiares e amigos. A frase "quando seu trabalho é o que você ama, você nunca precisará trabalhar" representa bem este conceito.

Refletindo sobre este conselho, aprendi também a respeitar as diferentes percepções de felicidade, pois compreendi que cada pessoa tem sua própria definição do que significa ser feliz, simbolizando a diversidade na forma mais pura e profunda: as ideias, pensamentos, gostos e opiniões de cada um.

Esta compreensão ajuda a promover a criação de ambientes nos quais as diferenças são respeitadas e cada um tem o direito de buscar a felicidade da maneira que mais lhe satisfaz, sempre respeitando a coletividade.

Estar atento às mudanças nas próprias definições de felicidade é igualmente muito importante, pois os interesses e alegrias evoluem com o tempo. Esta evolução requer uma capacidade de adaptação e reavaliação contínua dos valores e aspirações pessoais.

A empatia e o respeito pelas jornadas dos outros são elementos essenciais na busca pela felicidade, sendo importante equilibrar as aspirações pessoais com uma consideração cuidadosa do impacto destas ações nos outros, buscando a própria felicidade de maneira que respeite, apoie e enriqueça as vidas ao redor.

## Responsabilidade com o seu legado

Aqui exploro a responsabilidade pelo legado que deixamos para os outros, muito em linha com o que apresentei anteriormente sobre o conceito de "Stewardship".

Este conselho, baseado em minhas experiências e valores, ressalta a ideia de que nossas ações, escolhas e como vivemos têm um impacto duradouro, afetando não só a nós mesmos, mas também as pessoas ao nosso redor e a sociedade inteira.

Inspirado pela ideia de que "o que fazemos na vida ecoa na eternidade" (quem não se lembra dessa frase no filme "Gladiador"?), entendi ao longo da carreira que cada ação, atitude, projeto, inovação e interação contribui para a construção da sua reputação e do seu legado.

Com o tempo, percebi que esse conceito se estende além do profissional e permeia também a vida pessoal, especialmente após tornar-me pai, levando-me a questionar o impacto das minhas ações nos outros e como desejo ser lembrado.

Entendi que o legado é a soma de todas as nossas contribuições, abrangendo aspectos profissionais, pessoais, intelectuais e emocionais.

Este entendimento te motiva a avaliar constantemente suas contribuições, buscando garantir que sejam positivas, construtivas e enriquecedoras.

Viver de acordo com seus valores e princípios fundamentais é crucial na formação do legado, pois cada ação e decisão são oportunidades para fortalecê-los, criando algo de impacto e com significado.

Além das realizações individuais, o legado inclui influenciar, inspirar e capacitar os outros, seja por mentoria, compartilhamento de conhecimento ou contribuindo para um ambiente de trabalho que fomente crescimento e desenvolvimento.

Outro aspecto relevante deste conselho é a reflexão sobre a brevidade da vida e a importância de viver de maneira coerente com os próprios valores. Isto envolve fazer escolhas conscientes, ser verdadeiro consigo mesmo e com os outros, além de buscar maneiras de contribuir positivamente para o mundo.

Como abordei em outros trechos deste livro, esta própria obra e a sua continuidade no mundo digital são expressões e reflexos deste valor de responsabilidade com o legado.

## Expansão e continuidade no mundo digital

Algo que me deixou muito entusiasmado ao longo de todo o processo de criação desta obra foi concluir que, tirar os conceitos do mundo etéreo das ideias que estavam na minha cabeça para estruturá-las nesse material, foi apenas um primeiro passo.

Se olharmos ao redor e avaliarmos o mercado, existem modelos e *frameworks* de referência para diversos temas no mundo de TI. Cada modelo possui um foco específico em um tema, como o *PMBOK* para gestão de projetos, *SAFe* para o *Agile*, *COBIT* para governança, TOGAF para *Enterprise Architecture*, entre outros exemplos.

Dentro deste contexto, o desenvolvimento da ideia acabou sendo bastante natural: e se fosse possível criar um *framework* mais abrangente, que buscasse endereçar grande parte dos principais temas que envolvem o mundo de TI e o que um *CIO* e os executivos de tecnologia deveriam ter em seu radar?

E assim, nasceu o CIO Codex Framework, englobando um conteúdo bastante amplo e detalhado que, espero eu, seja de grande valia e utilidade para os profissionais de tecnologia das mais diversas especialidades, áreas e níveis de senioridade.

Acho curioso pensar que esta visão de *framework* organizando diversos temas e conceitos nasceu lá atrás, sem grandes pretensões, como uma mera estrutura de pastas com arquivos que julgava interessantes, ainda como "CIO Knowledge", que com o tempo foi evoluindo e o próprio nome foi sendo aprimorado, até chegar no "CIO Codex Framework".

Acredito que este nome representa muito bem o propósito de "codificação" e organização de conhecimento e melhores práticas pertinentes ao universo de uma Área de Tecnologia, e dos seus respectivos profissionais, como em um grande livro, ou "Codex".

Adicionalmente, ao longo desse processo ficou muito claro que a quantidade de conteúdo seria tamanha, que não se mostraria factível disponibilizá-la em um único livro, além do que eu mesmo sou uma testemunha viva das mudanças nos hábitos de consumo de informações e conteúdo.

Me pareceu fazer muito mais sentido oferecer conteúdo de qualidade também em um modelo on-line, permitindo alcançar e impactar pessoas em uma escala exponencial.

Dessa forma, a continuidade da obra, se deu em um portal digital, o qual visa ser o mais abrangente possível no mundo de tecnologia e tudo o que a envolve, pensando em seus grandes componentes, destaco:

- **CIO Codex Framework**: um grande framework que explica "o Porquê, o Como e o Quê" de uma área de Tecnologia organizado em diversos tópicos, seguindo uma visão estruturada, coesa e abrangente, ao mesmo tempo, buscando trazer alguma profundidade para os temas, no sentido de conceitos, melhores práticas, indicadores, critérios de maturidade, etc.

- **Artigos**: a fim de complementar a visão proporcionada pelo CIO Codex Framework, é oferecida uma seção de Artigos, que serve como uma curadoria de novidades do mercado e matérias associadas aos temas do Framework, como um complemento prático e um veículo para opiniões e experiências pessoais, enriquecendo ainda mais o modelo.

- **Agenda de Eventos**: outro tema que sempre me abordam é sobre eventos de tecnologia, então me pareceu muito útil incluir este tipo de conteúdo, buscando prover uma visão consolidada da agenda dos principais eventos do mercado no momento ou planejados para o futuro próximo.

- **Cursos e Treinamentos**: uma coisa puxa a outra e na esteira dos eventos, outra categoria de temas muito útil é a de cursos e treinamentos, algo que pode ajudar e impactar a vida de qualquer profissional.

- **Sua Voz**: um dos princípios fundamentais do CIO Codex é a construção colaborativa, dessa forma, nada mais natural do que oferecer aos usuários a oportunidade de compartilhar suas opiniões, sugestões e críticas, para assim promover a evolução e enriquecimento do modelo ao longo do tempo.

O portal CIO Codex tem, dessa forma, a ambição de funcionar como um grande repositório de ideias, as quais são organizadas em um grande *framework*, que tem o objetivo de amarrar todos os grandes e ramificados temas de tecnologia, como abordado na próxima parte deste livro.

Julgo relevante apontar aqui o resultado prático do impacto que os livros que me inspiraram (e seguem inspirando) indicados lá no capítulo de Catarse tiveram na elaboração do *framework*. Acredito que a influência deles pode ser percebida ao longo de todo o conteúdo:

- Em primeiro lugar, a própria estrutura que escolhi como sendo o fio condutor do CIO Codex Framework é diretamente inspirada no "Comece Pelo Porquê", seguindo a lógica do "O Porquê", "O Como" e do "O Que".

- Foi destacado muito do que julgo adequado em um modelo operacional que promova a potencialização das capacidades humanas, muito em linha com o "Os 7 hábitos das pessoas altamente eficazes".

- Quando foi explicado o conceito de propósito transformador das organizações e a sua visão digital, foi impossível deixar de apontar influências marcantes oriundas do "Organizações Exponenciais", que tratam excepcionalmente destes temas.

- Na exploração de conceitos da estrutura organizacional de TI ou mesmo a própria mecânica da inovação, muito veio da minha experiência pessoal que comprova na prática muito do que é apontado em "De Onde Vêm as Boas Ideias".

- E por fim, mas não menos importante, nos inúmeros trechos em que divaguei sobre a Cultura Corporativa, algo que fiz em profusão nos conteúdos, houve muita influência das ideias apontadas em "Culture Code", a começar pela própria iniciativa de escrever toda essa obra, em alguns momentos expondo ideias, opiniões e vulnerabilidades.

Posso dizer que foi uma experiência incrível escrever de forma ampla e abrangente sobre o que é uma Área de Tecnologia, sobre a vida de um CIO e dos principais papéis envolvidos nesse tipo de organização.

E pensando bem, chega até mesmo a ser um pouco irônico, especialmente quando tento fazer isso enxergando a partir de uma ótica de vinte anos atrás. Há vinte anos, eu estava apenas ingressando nessa jornada e tinha como objetivo imediato simplesmente entrar na área, mesmo que para isso fosse preciso aprender a programar alguma coisa em Cobol.

Olhando para o "eu jovem" de vinte anos atrás, acho que teria sido muito útil e, provavelmente, me permitiria ganhar algum tempo e ter evitado alguns obstáculos ou dificuldades caso eu tivesse acesso a um material como o CIO Codex Framework.

Recuperando um dos valores que aprendi e internalizei como um valor pessoal próprio, acho que aqui cabe muito bem o conceito do "Stewardship", deixando para quem vem algo melhor do que recebi quando cheguei e assim devolver para o universo ao menos parte de tanto que recebi.

Isso me influenciou muito em escrever e disponibilizar algo que possa ser útil para alguém e, dependendo do resultado, acredito que possa até mesmo vir a se transformar em algo ainda maior e mais especial no futuro.

Todas as experiências que relembrei ao longo deste livro inevitavelmente tiveram um papel significativo na minha formação. De forma consciente e inconsciente, influenciam a minha forma de pensar, decidir e atuar, estando expressas direta ou indiretamente ao longo de todo o CIO Codex, como apontei ao longo do texto.

Destaco que o conteúdo reflete um ponto de vista pessoal, expressado com toda a humildade de alguém que entende perfeitamente que é apenas mais um aprendiz no mundo e que respeita duas frases marcantes que cabem muito bem aqui:

- "Quanto mais sei, mais sei que nada sei".
- "Ninguém sabe tudo a respeito de tudo".

Ambas as frases possuem sua parcela de influência na epifania de criar o portal CIO Codex Framework. Expus uma visão sobre o mundo de TI que possa ser usada como uma fonte de conhecimento e uma base de referência e, ao mesmo tempo, refletem toda a serenidade e humildade em reconhecer algumas verdades da vida:

- Não sei tudo a respeito de tudo e para poder expressar uma opinião ou visão estruturada sobre cada assunto foi (e continua sendo) preciso aprender ou evoluir sobre vários deles.
- Ao explorar os assuntos, muitos deles se desdobraram em diversos outros que não tinha a ciência da existência antes de iniciar a divagar sobre o tema inicial mais amplo.
- Seria impossível fazer algo que fosse, ao mesmo tempo, muito abrangente no alcance de temas abordados e, ao mesmo tempo, muito profundo no seu detalhamento. Trade-offs foram necessários ao longo da obra, ainda que eu tenha buscado algum equilíbrio.

- Mesmo que eu tenha desejado aumentar a abrangência (ainda que às custas de reduzir o nível de detalhamento), sou um grande apaixonado por TI e o escopo do que escrevi foi primordialmente circunscrito dentro deste universo.

- Por mais que eu tenha me esforçado em trazer um conteúdo de qualidade, muito do que foi escrito foi fruto das minhas experiências e opiniões e dado que cada pessoa tem as suas, é esperado e natural que não haja unanimidade, nem na concordância e nem na discordância sobre as ideias que foram e ainda serão compartilhadas no portal.

Sendo assim, acredito que, ao considerar a obra completa com a série de conteúdos que estão disponíveis no portal, o produto final tem algumas partes com bastante detalhes e profundidade.

Já outras partes servem mais como uma base de referência sobre grandes tópicos que merecem a atenção para o leitor ter a ciência que eles existem e então buscar um aprofundamento em obras e *frameworks* especializados.

Reitero que, de forma alguma, tive a pretensão ou audácia de querer ser exaustivo sobre todos os temas tratados. Fazendo um paralelo com os meus tempos de consultor, acho que seria até pertinente colocar um "carimbo" em cada página explicitando que o material é "Não Exaustivo", uma prática muito comum em alguns slides de alguns produtos finais.

E em uma abordagem de "criação coletiva", espero poder contar com a sua participação com complementos, *feedbacks*, críticas e sugestões.

Neste sentido, o fato de o portal estar aberto para comentários e até mesmo para a participação de outras pessoas publicando artigos, entendo que poderá funcionar como uma plataforma para esta construção coletiva, cada um aportando sua *expertise*.

Será um grande prazer seguir nesta jornada de aprendizado e evolução. Este otimismo e entusiasmo se dá por desta vez se tratar de um canal digital, trazendo infinitas possibilidades para a exploração de ideias e mecanismos de interação para a melhoria contínua.

Deixo por fim meus votos para que o portal ciocodex.com e o respectivo CIO Codex Framework sejam úteis para os profissionais de tecnologia e para toda a sociedade!

Parte II

CIO CODEX

# The IT Framework

Com o advento da era digital, a Tecnologia da Informação assumiu um papel de destaque nas estratégias corporativas das empresas dos mais diversos portes e setores de atuação.

É neste contexto que o CIO Codex Framework é introduzido, servindo como uma estrutura abrangente e detalhada, para a articulação e implementação de práticas de TI que ressoam com as exigências de um mercado cada dia mais dinâmico e em evolução acelera

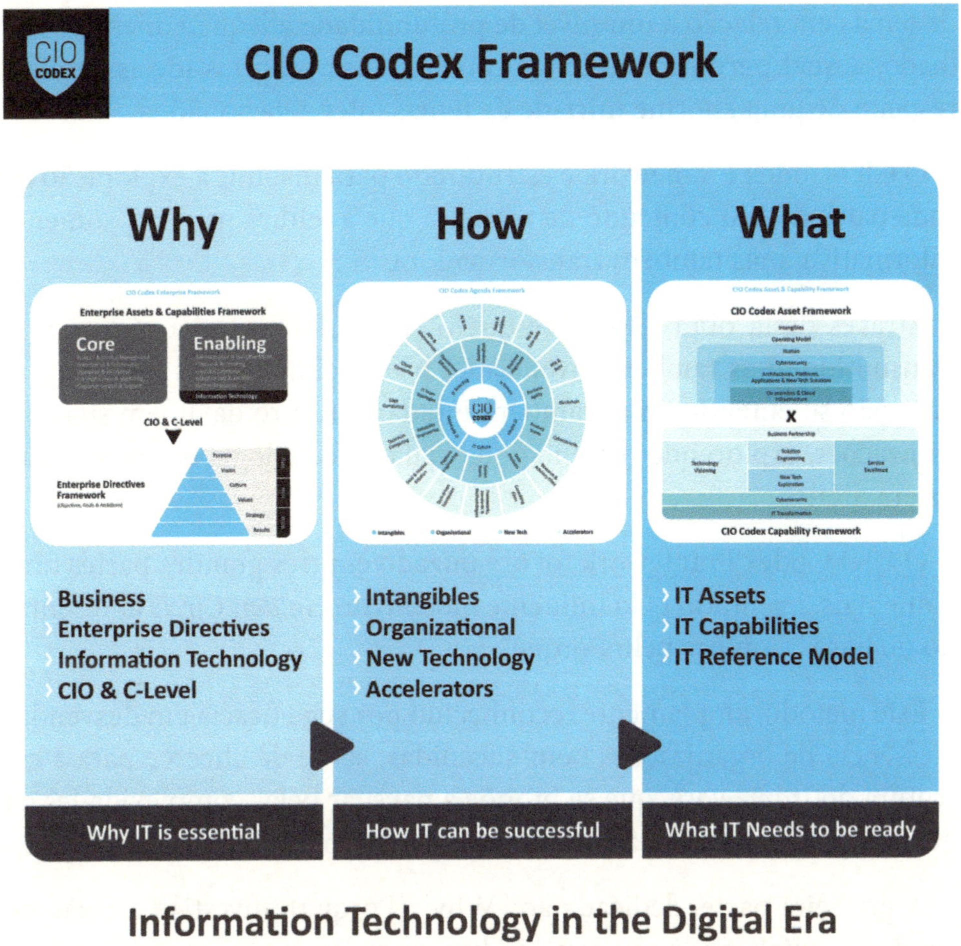


Este *framework* foi concebido com o propósito de oferecer para os profissionais e executivos de TI uma visão integrada das ideias e dos

conceitos fundamentais que permeiam o universo de uma área de tecnologia moderna e atuante.

É apresentado com a intenção de fornecer um caminho estruturado, permitindo aos profissionais compreenderem as dinâmicas que governam os domínios de negócios e tecnologia.

A estrutura do CIO Codex Framework é delineada para organizar uma narrativa que abraça e integra as principais correntes de pensamento e inovação no campo da TI.

Com uma abordagem que visa balancear uma amplitude abrangente de temas em relação a um nível de profundidade adequadamente detalhado, a qual permitirá ao leitor concluir suas próprias ideias gerais a respeito de uma enorme miríade de temas inter-relacionados.

O CIO Codex Framework é estruturado para inspirar a exploração de cada parte do seu conteúdo de maneira que a leitura não seja somente informativa, mas também transformadora.

Através desta obra, espera-se que o conhecimento seja não apenas transmitido, mas também vivenciado, proporcionando as ferramentas para não só entender, mas também moldar o futuro da TI em suas organizações, explorando o pleno potencial da Tecnologia da Informação na era digital.

O CIO Codex Framework foi organizado em três grandes partes fundamentais, inspirado pelo influente modelo do *Golden Circle* apresentado no livro "Comece pelo Porquê".

Este método, amplamente reconhecido por sua eficácia em desvendar a essência de organizações bem-sucedidas, serve de alicerce para a estrutura do *framework*, que se propõe a navegar pelas complexidades da Tecnologia da Informação com uma abordagem holística e estratégica.

A primeira parte, dedicada ao "Why" (Porquê), investiga a razão de ser da TI, enfatizando seu papel indispensável como motor de inovação e transformação digital.

O "How" (Como) compõe a segunda parte, na qual são explorados temas, tendências e práticas que capacitam a TI a atingir a excelência operacional e estratégica.

Finalmente, o "What" (O Que) constitui a terceira parte, descrevendo os ativos e competências que a TI deve possuir para estar apta a enfrentar os desafios do presente e do futuro.

É relevante reiterar a observação de que conteúdo do próprio CIO Codex Framework apresentado aqui é uma versão "lite", por limitações naturais de uma versão impressa.

Afinal, o tamanho do conteúdo da versão integral disponibilizada no website, caso fosse contabilizada em um "formato livro", teria algo superior a 10 mil páginas, inviabilizando sua transposição direta para esta obra.

Dessa forma, este livro visa prover um resumo geral, mantendo a sua estrutura essencial o mais próximo possível da árvore de navegação do *framework* apresentado e disponibilizado on-line.

O objetivo principal é o de apresentar, assim, uma visão ampla e abrangente dos temas e assuntos tratados pelo *framework*. O leitor poderá ter ciência sobre eles, e de acordo com seu interesse, necessidade e conveniência, explorar com muito mais detalhes e profundidade cada um deles no portal.

## Porque a TI é essencial na era digital

Na primeira parte do CIO Codex Framework, é estabelecida a premissa fundamental de que a Tecnologia da Informação é essencial na era digital.

Esta seção é estruturada em cinco subpartes interconectadas que, juntas, constroem um argumento convincente sobre a importância crítica da TI para empresas de todos os tamanhos e setores.

- ***Business*** (Negócio): aqui é apresentada uma visão geral das empresas, discutindo o que constitui uma organização e os diversos tipos que existem. É examinada a composição das empresas, identificando as áreas internas que as formam. Esta análise serve como base para entender o papel estrutural da TI nas operações e estratégias empresariais.

- ***Enterprise Directives*** (Diretrizes Corporativas): nesta subparte, a atenção é voltada para a pirâmide de diretrizes corporativas, sendo os objetivos, metas e ambições de uma empresa. Esta pirâmide é estruturada em camadas, começando com o Propósito e seguindo com Visão, Cultura, Valores, Estratégia e Resultados. Cada camada é explicada em detalhes, revelando como a TI se integra e potencializa cada aspecto.

- ***Information Technology*** (Tecnologia da Informação): a função e a estrutura da área de tecnologia são explicadas, destacando como os ativos e competências de TI são organizados. É discutido quais tipos de empresas necessitam intrinsecamente de uma Área de Tecnologia robusta e como essa área é vital para a operação e crescimento do negócio, explorando exemplos de como a tecnologia pode transformar as empresas e a sociedade.

- ***CIO & C-Level*** (CIO & Nível Executivo): o papel do Chief Information Officer (CIO) é detalhadamente explorado, destacando a importância desse cargo no contexto do C-Level executivo. A distribuição de responsabilidades é analisada, bem como a maneira pela qual a TI pode servir de alavanca para cada função executiva, realçando a importância da colaboração entre o CIO e outros executivos para impulsionar a transformação digital frente às diretrizes corporativas.

Em resumo, a primeira parte do CIO Codex Framework é uma exploração exaustiva da indispensabilidade da TI na era digital. Uma exploração articulada por uma série de subpartes que, juntas, fornecem um entendimento holístico de como as empresas funcionam e como a TI é fundamental para impulsionar a transformação em todos os níveis da organização.

## Como a TI pode ser bem-sucedida

Na segunda parte do CIO Codex Framework a questão central abordada é "Como a TI pode ser bem-sucedida?". Funciona como uma grande "CIO Agenda", destacando todos os principais temas que deveriam fazer parte do dia a dia de um CIO e de uma área de tecnologia moderna e atuante.

Esta seção é estrategicamente segmentada em quatro categorias essenciais que mapeiam o caminho para o sucesso da TI em uma relação sinérgica com os negócios.

Cada categoria é desenhada para abranger aspectos cruciais que vão desde o intangível e cultural, até o tangível e tecnológico, formando assim essa "CIO Agenda".

- ***Intangibles*** (Intangíveis): a categoria dos Intangíveis trata de elementos não físicos, mas profundamente influentes. Valores, Drivers, Comportamentos, Branding e Cultura são explorados como forças motrizes que sustentam e direcionam a visão e a missão da TI. Estes elementos são essenciais para construir uma base sólida que permita a TI alinhar-se e prosperar com a empresa, impulsionando uma cultura de inovação e engajamento.

- ***Organizational*** (Organizacional): os temas Organizacionais abordam como as estruturas e os processos empresariais são configurados para responder às demandas de um mercado em constante transformação. Inovação, Agilidade nos Negócios, Product Teams, Data Products e Fusion Teams são alguns dos conceitos-chave que delineiam a modernização operacional das organizações. Esta categoria visa fornecer uma compreensão clara de como a TI pode e deve evoluir para apoiar e liderar nesses domínios.

- ***New Technology*** (Novas Tecnologias): a adoção e integração de Novas Tecnologias são vitais para manter a relevância e a competitividade no mercado. Inteligência Artificial e Machine Learning, Análise de Dados, Cloud, Quantum, APIs e Microservices são tendências tecnológicas que estão redefinindo o cenário das empresas. Esta categoria se concentra em como a TI pode implementar e se beneficiar dessas tecnologias emergentes.

- ***Accelerators*** (Aceleradores): os Aceleradores são fatores que amplificam a capacidade da TI de impulsionar mudanças rápidas e eficientes. Frameworks, Padrões e Metodologias, Ecossistemas impulsionados pela tecnologia e Firmas de Consultoria são explorados como ferramentas que podem ser utilizadas para acelerar o processo de inovação e transformação. Esta categoria destaca a importância de estar à frente nas tendências e de utilizar recursos externos para melhorar a eficiência e eficácia da TI.

Em conjunto, estas categorias formam um guia abrangente que define quais temas da atualidade devem ser explorados para uma TI bem-sucedida. Ao seguir a "CIO Agenda", os líderes de TI são equipados com *insights* para moldar suas estratégias e operações de modo que reflitam as melhores práticas e inovações do setor, garantindo assim sua eficácia e relevância em longo prazo.

## O que uma TI precisa ter para estar pronta para o futuro

A terceira parte do CIO Codex Framework contempla uma análise detalhada sobre "O que uma TI precisa ter para estar pronta para o futuro", fornecendo um modelo para a construção de uma área de tecnologia resiliente e adaptável às demandas futuras.

Esta seção é cuidadosamente dividida em três subpartes que, coletivamente, estabelecem um modelo abrangente e detalhado que promove a maturidade da TI para um patamar superior de evolução.

- ***IT Assets*** (Ativos de TI): na subparte de Ativos de TI, é enfatizada a importância de identificar e gerenciar os principais ativos tecnológicos. A discussão é estruturada em um diagrama de camadas, que percorre desde os elementos mais tangíveis, como hardware, infraestrutura e redes, até os intangíveis que ecoam os temas da CIO Agenda, valores, drivers e cultura. A segurança e o modelo operacional também são examinados como camadas críticas, revelando as propriedades e características necessárias para que os ativos de TI sustentem e promovam os objetivos de negócios.

- ***IT Capabilities*** (Competências de TI): esta subparte discorre sobre as competências necessárias que uma área de tecnologia deve cultivar. Com a apresentação organizada em camadas, é abordada uma variedade de competências, desde o relacionamento entre TI e Business: Enterprise Architecture, Innovation, Solution Engineering, New Tech Exploration, Service Excellence, Cybersecurity e IT Transformation. É dada ênfase nas competências que permitem à TI não apenas responder às necessidades atuais, mas também antecipar e liderar a transformação tecnológica.

- ***IT Reference Model*** (Modelo de Referência de TI): atuando como o pilar central desta seção, o Modelo de Referência de TI é apresentado como um guia completo que abrange todas as competências esperadas por uma Área de Tecnologia preparada para a transformação digital e operacional. Este modelo está alinhado com os principais padrões de mercado e detalha conceitos, propósitos, objetivos, melhores práticas, desafios e tendências. Inclui também KPIs, OKRs e critérios de maturidade, além de mostrar a convergência com frameworks especializados reconhecidos no mercado. Este modelo serve como um orientador para a TI, guiando os profissionais por um panorama de evolução contínua, onde a adaptação e o aprimoramento são imperativos constantes.

Através desta estrutura, a terceira parte do CIO Codex Framework estabelece um fundamento sólido para que os líderes de TI possam projetar e implementar uma estratégia que assegure a prontidão e a relevância de suas organizações no futuro. Esta visão é ampla e profunda, ambicionando que a TI não apenas se adapte às mudanças, mas também as antecipe e as lidere.

## Origem e princípios fundamentais

O CIO Codex Framework, como apresentado aqui, é um exemplo concreto do conceito da evolução iterativa, na qual a partir de uma ideia inicial, com alguma disciplina e dedicação, os conceitos vão evoluindo e se organizando, até alcançarem um nível mais avançado de sofisticação, abrangência e profundidade.

### CIO Codex Foundations

1. **Aristotelian Organization**
   Emphasizes organizing concepts in a mutually exclusive and collectively exhaustive (MECE) mindset, placing each concept uniquely within the model and acknowledging intersections.

2. **Framework Integration**
   Recognizes the value of various established market frameworks without competing with them, instead aiming to provide an overarching, integrative and panoramic perspective.

3. **Balance of Scope and Detail**
   Acknowledges the challenge of being both comprehensive and detailed, aiming to strike a balance with a preference for breadth while leaving detailed analysis to specialized frameworks.

4. **Values and Beliefs**
   The content is grounded in a set of core values and beliefs, which are evident throughout the entire framework and include cultural aspects deemed crucial for a successful enterprise and IT.

5. **Collective Idea Building**
   Promotes collaborative work, valuing the collective input and acknowledging the limitations of individual knowledge, emphasizing the importance of continuous improvement, teamworking and stewardship.

É igualmente importante destacar que o CIO Codex Framework foi estruturado e elaborado a partir de um ponto de vista que pondera cinco dimensões principais, sendo seus princípios fundamentais:

1. ***Aristotelian Organization*** (Organização Aristotélica): como ponto de partida, ele foi organizado a partir de um "pensamento aristotélico" e por conta disso, ele identifica a necessidade de organização dos tópicos, reconhecendo um grande valor em se categorizar e agrupar as ideias e os conceitos em uma perspectiva MECE (Mutuamente Excludente e Coletivamente Exaustiva - ou pelo menos o mais próximo possível disso). Ele busca, sempre que possível, posicionar cada conceito em um ponto único do modelo e fazendo as devidas referências nos pontos de tangência e cruzamento entre eles para os casos em que um mesmo tema seja abordado em mais de uma parte do framework, algo que acontece por conta de diferentes partes do framework eventualmente abordarem um mesmo tema a partir de perspectivas diferentes.

2. ***Framework Integration*** (Integração com Frameworks): ele explicita o valor e a importância dos diversos e variados frameworks especializados, consolidados e renomados do mercado, buscando neles a inspiração em diversos conceitos, inclusive referenciando os pontos de convergência. Ele não ambiciona ser um concorrente de nenhum desses frameworks existentes, mas sim um agregador que promove uma visão panorâmica do todo.

3. ***Balance of Scope and Detail*** (Balanço entre Abrangência e Detalhamento): ele aceita a impraticabilidade de um material ser amplo e abrangente, no sentido do universo de temas tratados, ao mesmo tempo, buscando ser profundo e detalhado sobre cada um dos temas tratados. Sendo assim, ele visa encontrar o equilíbrio entre amplitude e profundidade,

dando preferência à amplitude e deixando o detalhe absoluto a cargo dos frameworks especializados.

4. ***Values and Beliefs*** (Valores e Crenças): ele é lastreado por um conjunto de valores e crenças, que sustentam muito do que foi escrito e que podem ser claramente identificadas ao longo de todo o conteúdo. Estes mesmos valores, drivers, comportamentos e traços culturais que sustentam o modelo são devidamente explorados e reconhecidos como temas intangíveis de extrema relevância ao longo do conteúdo.

5. ***Collective Idea Building*** (Construção Coletiva de Ideias): e por fim, ele celebra e promove a construção coletiva de ideias, entendendo como uma verdade do mundo o fato de que ninguém sabe tudo a respeito de algo, muito menos tudo a respeito de tudo. Ele abre espaço para os feedbacks, comentários, complementos e correções e conta com a colaboração coletiva para a evolução contínua, assumindo igualmente como verdade o poder do trabalho em grupo e a importância de deixar ao próximo algo melhor do que se recebeu.

Dessa forma, a estrutura resultante não apenas facilita uma compreensão mais profunda dos princípios que regem a TI, mas também promove uma reflexão sobre como esses princípios são aplicados nas organizações dos mais diferentes tipos.

Ao seguir esta sequência lógica organizada em três partes e suas respectivas subpartes, assim como a ponderação dos cinco princípios fundamentais que orientaram a sua elaboração, o CIO Codex Framework oferece aos profissionais de TI uma narrativa inspiradora e um caminho claro para liderar com sucesso na era digital.

Ele visa ser um convite à reflexão e ao engajamento ativo com os conceitos que definirão o futuro do setor, encorajando um mergulho profundo nas nuances que moldam a interface entre tecnologia e negócios.

Acesse o QR Code para saber mais.

https://ciocodex.com/mapa-framework/

CAPÍTULO 4

# Porque a TI é essencial na era digital

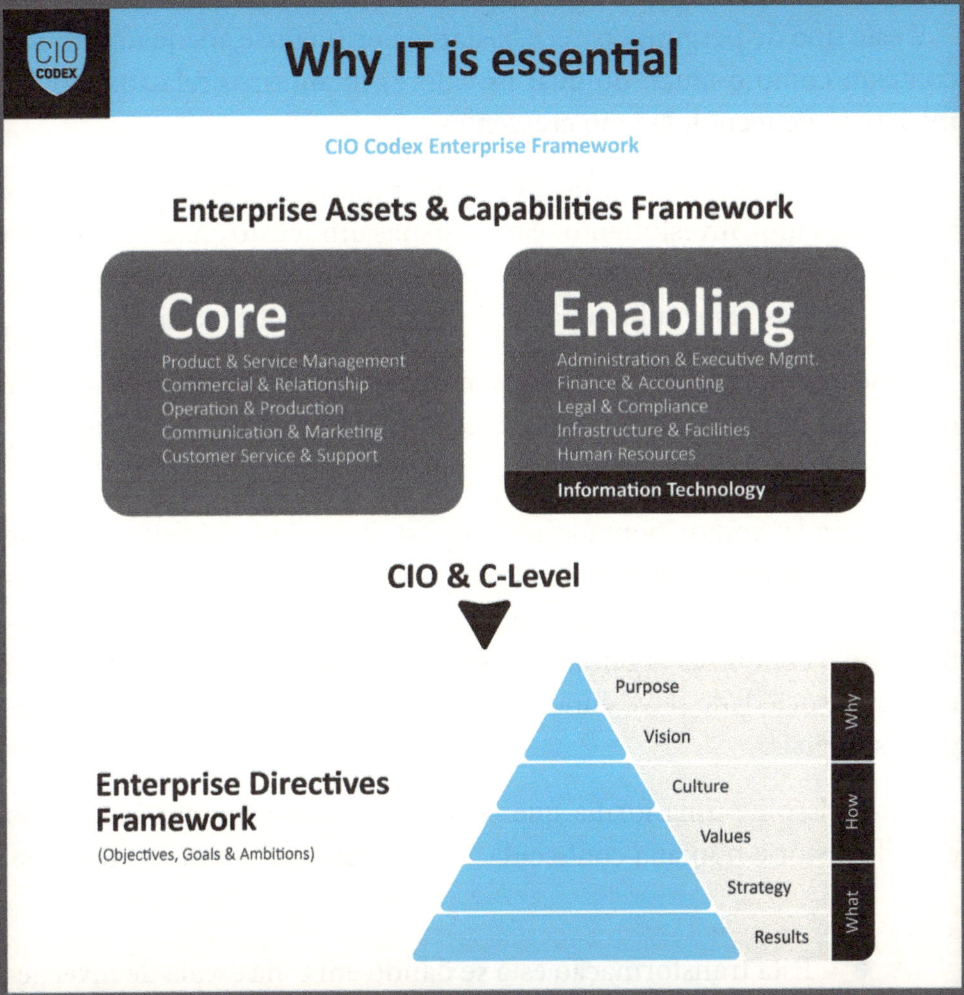

Como ponto de partida, aqui é feito o uso da própria ideia central do livro "Comece Pelo Porquê", o qual traz a inspiração de se iniciar a discussão sobre TI justamente pela questão do porquê ela é importante para as organizações.

Em outras palavras, qual a relevância de uma Área de Tecnologia no microcosmo de cada empresa. Por que ela é necessária, quais os benefícios e diferenciais são esperados a partir da existência dela?

E este tipo de pergunta parece bastante pertinente e adequada em um contexto como o atual, no qual os valores financeiros relacionados às iniciativas de tecnologia são crescentes.

Dessa forma, para que se possa defender uma abordagem de que estes valores são um "investimento" e não apenas um "custo", nada mais justo do que se buscar dar maior visibilidade ao lado da equação que apresenta os "retornos" esperados a partir dos "investimentos" realizados.

E isso é explorado nos conteúdos mais adiante, abordando justamente o conceito de cada um dos temas desse grande tópico e da própria essência de uma Área de Tecnologia.

Mais ainda, como apontado no próprio título do conteúdo, "Por que TI é essencial em um mundo cada dia mais digital", esta questão de importância se mostra ainda mais relevante quando é considerado o contexto atual em que as organizações estão inseridas, sendo um momento em que a sociedade se vê em uma transformação para o modelo de negócios digitais.

E tudo isso de uma forma que se mostra, possivelmente, inédita no arco da história humana conhecida, ao considerar algumas dimensões:

- Esta transformação está se dando em uma escala de nível geográfico global, sem grandes distinções quanto ao nível de desenvolvimento socioeconômico de cada localidade. Creio ser um sinal claro de que as barreiras de entrada são decrescentes nessa era digital, o que permite nivelar o campo de batalha.

- A abrangência da transformação está se dando em indústrias de basicamente todos os tipos, variando obviamente a sua intensidade conforme as possibilidades de cada indústria. O alcance da digitalização de uma empresa de serviços, por exemplo, um banco, será obviamente maior do que o de uma empresa de base "física", como, por exemplo, uma mineradora.

- Por fim, a velocidade da transformação é mais rápida como nunca vista, com exemplos abundantes da mudança de hábitos de consumo que antes eram vistos quase como dogmas sociais, em uma demonstração de que a sociedade está muito mais aberta e flexível às mudanças do que se poderia pensar. E tão incrível quanto a velocidade em si, é haver uma aceleração clara, trazendo um aspecto exponencial à transformação.

Verdade seja dita, tudo isso não parece uma mera "obra do acaso", mas sim a pura e simples conjunção de diversos fatores concorrentes e contemporâneos da nossa era digital.

Para tanto, é importante definir o que de fato significa "ser digital", assim como deixar claro que a "transformação" é apenas uma das partes do todo.

É preciso ter bem claro que primeiramente deve existir uma "estratégia", depois se executa uma "transformação", devidamente complementada e seguida de uma "operação". É esta "tríade" que então promove a perenidade de uma "Digital Enterprise".

Estes conceitos são profundamente explorados no CIO Codex Framework enquanto "Visão Digital", em suas diversas perspectivas.

Explorando o contexto mais global de o "Por que TI é essencial", isso poderia ser respondido de uma forma bastante direta e objetiva em cinco grandes bullets:

1. A tecnologia é uma parte fundamental da estratégia de qualquer empresa. Ela permite que as empresas sejam mais eficientes, inovadoras e competitivas em um mercado cada vez mais globalizado. A área de tecnologia é responsável por desenvolver, implementar e gerenciar sistemas e ferramentas que ajudam a empresa a atingir seus objetivos estratégicos.

2. Uma das principais vantagens de ter uma área de tecnologia forte é a capacidade de automatizar processos e reduzir custos. Através do uso de sistemas e ferramentas, é possível automatizar tarefas repetitivas e reduzir o tempo e o esforço necessários para realizá-las. Isso permite que a empresa seja mais eficiente e reduza seus custos operacionais.

3. A tecnologia também pode ajudar a empresa a ser mais inovadora. Através do uso de ferramentas de análise de dados, é possível identificar tendências e oportunidades de mercado, permitindo que a empresa desenvolva novos produtos e serviços para atender as necessidades dos clientes. Isso pode ajudar a empresa a se destacar da concorrência e aumentar sua participação no mercado.

4. A tecnologia também pode ajudar a empresa a ser mais competitiva. Com o uso de ferramentas de comunicação e colaboração, é possível trabalhar de forma mais eficiente com parceiros e fornecedores, reduzindo o tempo necessário para desenvolver novos produtos e serviços. Além disso, a tecnologia também pode ajudar a empresa a expandir seus negócios para novos mercados, através do uso de plataformas de comércio eletrônico e marketing digital.

5. Em resumo, a área de tecnologia é fundamental para a estratégia de qualquer empresa. Ela permite que as empresas sejam mais eficientes, inovadoras e competitivas, ajudando-as a atingir seus objetivos estratégicos. É importante investir em uma área de tecnologia forte para garantir o sucesso da empresa no longo prazo.

Essa resposta foi obtida a partir do ChatGPT e de forma geral, não se lê nenhum absurdo, uma vez que são afirmações coerentes e bastante pertinentes.

Caso essa resposta pareça adequada e completa (e dependendo do objetivo e uso dessa resposta curta seria absolutamente normal considerá-la assim), sugere-se uma avaliação real da necessidade em prosseguir com a leitura de todo o CIO Codex Framework.

Em contrapartida, caso se tenha a opinião de que o texto criado pelo ChatGPT aborda alguns aspectos "necessários", porém não explora a questão ao ponto de trazer respostas "suficientes", então é muito bem-vinda a continuidade da leitura dos próximos capítulos e da versão completa no portal web.

Seguindo adiante, para se buscar essa resposta da forma que seja o mais próximo possível do suficiente, se faz necessário primeiramente abordar alguns conceitos e a relação entre eles no contexto da tecnologia.

Dessa forma, se buscou uma visão estruturada que permita consolidar em um único *framework* os principais conceitos e seus respectivos inter-relacionamentos e assim facilitar o entendimento do todo, a partir do CIO Codex Enterprise Framework.

No lado esquerdo, dentro do mais puro espírito de não reinventar a roda, uma interpretação do famoso conceito da "Cadeia de Valor", na qual se pode ver os principais ativos, competências e funções que usualmente compõem uma empresa.

Vale ressaltar que é uma visão genérica e, seguindo as boas práticas típicas de consultoria, "Não Exaustivo", sendo nesse caso focada primordialmente no setor de serviços.

Adicionalmente, ressalta-se que esta representação possui certamente as suas mais diversas variações conforme a indústria na qual a organização está inserida, assim como o quanto ela se enquadra mais no espectro "tradicional" ou "digital".

Neste sentido, em uma empresa mais digital, muito provavelmente a caixa de "Tecnologia da Informação" seria deslocada da camada de "*Enabling*" para a camada "Core", afinal, faria parte da cadeia de valor primária da organização.

Ainda sobre a Tecnologia da Informação, este é o domínio que recebe a maior atenção, como seria de se imaginar pela própria natureza desta obra.

Esta visão da tecnologia em um *framework* mais amplo, o da empresa, ajuda a, logo de largada, explicitar dois conceitos importantes:

- Assim como muitas das demais competências do diagrama, a competência de tecnologia é usualmente desempenhada em uma área específica.

- A tecnologia faz parte do todo, o que significa que não é um fim em si, algo que é abordado em um conteúdo próprio, sobre a Área de Tecnologia.

Considerando todos esses componentes da cadeia de Valor, é correto dizer que ela representa a parte mais "tangível" das empresas.

Já à direita, foi pertinente incluir aquilo que se considera representar muito bem os componentes mais "intangíveis" de uma empresa, sendo as suas diretrizes corporativas enquanto objetivos, metas e ambições.

Por mais que uma empresa tenha seus componentes tangíveis, com áreas, pessoas e demais ativos, de nada adianta, pensando na sua existência perenemente, se ela não tiver igualmente de forma clara, suas diretrizes de objetivos estabelecidas.

E estes objetivos podem e devem ser organizados em distintas camadas de importância e impacto conforme a perspectiva de curto, médio ou longo prazo para o sucesso da organização.

São infinitas as possibilidades de combinação de objetivos para as empresas, da mesma forma que não existe uma única combinação de sucesso, tudo depende do contexto histórico da empresa, do contexto de mercado em que ela está inserida, além do seu contexto de ativos e competências.

A entidade Cliente não consta explicitamente como um componente da Empresa, uma vez que ele é tratado como um ator externo. Contudo, é diretamente referenciado nos demais componentes da empresa, dado que o atender para superar as suas expectativas é parte integrante das Diretrizes Corporativas.

E a composição de aspectos tangíveis e intangíveis é o que realmente permite explicar e responder de forma mais completa, ou se preferir, "suficiente", o porquê de uma Área de Tecnologia ser essencial para as empresas no contexto de atingirem seus objetivos, metas e ambições.

E entre os dois blocos, seguindo nessa linha de drill-down, na Área de Tecnologia existe um papel a ser desempenhado, o qual é chave para a execução das atividades harmoniosamente e buscando a consonância com as demais áreas da empresa, o CIO - Chief Information Officer.

Faz parte do papel do CIO auxiliar, não apenas a área de Tecnologia, mas sim todas as áreas da empresa em sua busca por alcançar e superar suas diretrizes de objetivos, metas e ambições.

Dessa forma, o papel do CIO é analisado para revelar como esta liderança tecnológica se alinha e impacta a estratégia global da empresa, se relacionando com os demais integrantes do C-Level e influenciando diretamente o valor entregue ao cliente final.

Acesse o QR Code para saber mais.

https://ciocodex.com/cio-codex-framework/why-it-is-essential/

## O Negócio

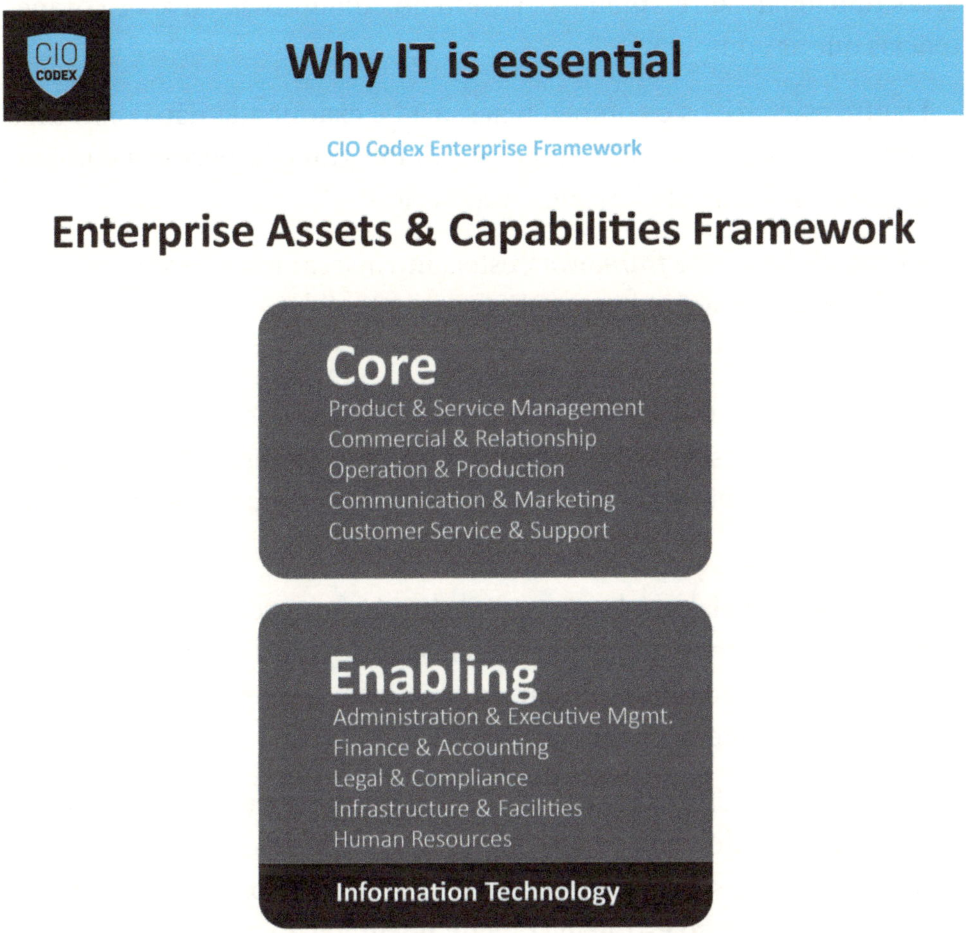


Uma empresa, em sua definição mais ampla, é uma entidade complexa com múltiplas perspectivas e dimensões.

Dessa forma, este conteúdo inicia-se com a análise do próprio conceito do que é uma empresa, quais são seus ativos e competências, além da forma como ela é usualmente organizada.

Uma visão holística da cadeia de valor é igualmente explicada, fornecendo uma compreensão da interconexão entre as várias partes constituintes de uma organização, sob uma perspectiva de quais ativos e competências são efetivamente "*core*" e quais são usualmente "*enablers*".

É explorada a organização típica de uma empresa, estruturada em áreas funcionais, diretamente derivado do conjunto de ativos e competências que as compõem.

Dentre estes ativos e competências, a TI é examinada não como uma entidade isolada, mas como uma função integral que permeia e potencializa todos os aspectos de uma organização.

Afinal, embora este *framework* esteja intrinsecamente focado em Tecnologia da Informação, é imperativo contextualizar a TI em um ecossistema corporativo mais amplo.

Este capítulo é uma exploração detalhada, não apenas dos conceitos que formam a base de uma organização, mas também de como estes conceitos interagem e se manifestam em práticas empresariais concretas.

A discussão é elaborada com o intuito de fornecer uma base sólida para entender o contexto no qual a TI opera e como ela pode ser efetivamente alavancada para atingir os objetivos empresariais, mantendo sempre o cliente como o foco principal.

Através desta abordagem, o conteúdo busca enriquecer o conhecimento, permitindo não apenas entender a estrutura e o funcionamento das empresas, mas também o impacto transformador que a tecnologia pode exercer quando estrategicamente integrada ao negócio.

Em um mundo de mudanças cada vez mais rápidas e competição intensa, esta visão nos desafia a pensar profundamente sobre a natureza e o propósito de nossas organizações, além de buscar constantemente maneiras de criar e sustentar valor genuíno.

Como dito anteriormente, a fim de não reinventar a roda e assim usar conceitos já testados e aprovados sobre como organizar os ativos e competências de uma empresa, foi muito natural usar os conceitos criados por ninguém menos do que o Michael Porter.

Ele defende ser fundamental abordar a estratégia de organização das competências em dois grandes grupos principais, as competências primárias (*Core*) e as de suporte (*Enabling*).

Esta abordagem oferece uma estrutura para entender como as atividades em uma empresa podem ser alinhadas para alcançar objetivos estratégicos e operacionais eficazes.

A estruturação das competências primárias e de suporte não é apenas uma abordagem teórica, mas sim uma prática estratégica que promove a eficiência e a eficácia organizacional.

Ao compreender e implementar esta divisão de competências, as organizações podem garantir que todas as suas atividades estejam alinhadas e contribuam de forma otimizada para a realização dos objetivos organizacionais.

Esta abordagem é fundamental para empresas que buscam não apenas sobreviver, mas prosperar em um ambiente de negócios cada vez mais complexo e competitivo.

Seguindo na conceituação, a categorização das competências organizacionais primárias e de suporte é derivada do modelo de cadeia de valor.

As competências primárias são aquelas diretamente relacionadas à criação de valor para o produto ou serviço final. As competências de suporte são atividades que, embora não contribuam diretamente para a criação do produto ou serviço, fornecem a infraestrutura e o suporte necessários para as competências primárias serem efetivamente executadas.

Os ativos e competências primárias incluem atividades como desenvolvimento de produtos, *marketing*, vendas e serviços pós-venda.

Estas são as atividades que definem a posição da empresa no mercado, sendo cruciais para a entrega de valor ao cliente. A eficácia nessas áreas determina diretamente a percepção de valor pelo cliente e, por extensão, o sucesso comercial da empresa.

Os ativos e competências de suporte, por outro lado, incluem áreas como gestão de recursos humanos, Tecnologia da Informação e administração.

Embora estas atividades não produzam diretamente o produto ou serviço final, elas são essenciais para manter a eficiência operacional e a eficácia da empresa. Elas fornecem a base sobre a qual as competências primárias podem operar eficientemente.

A chave para a eficiência organizacional é garantir que as competências primárias e de suporte não operem em silos, mas sim de forma integrada e sinérgica.

As competências de suporte devem ser alinhadas de modo a fortalecer e habilitar as competências primárias, assegurando que a organização possa responder de maneira ágil e eficiente às demandas do mercado e às expectativas dos clientes.

Neste sentido, a chave é ter claro quais são os ativos e competências de uma organização, inclusive para ser possível definir e aprimorar o seu modelo operacional, algo que inclui a sua estrutura organizacional.

É muito comum que as empresas organizem seus ativos e competências em áreas ou departamentos, algo que tem como propósito principal buscar a maior especialização, sinergia e potencialização dos seus recursos correlatos.

A maneira como uma organização é estruturada influencia diretamente na eficiência, na comunicação, na capacidade de inovação e na resposta às mudanças do mercado.

O desenvolvimento e implementação de uma estrutura organizacional é uma das decisões estratégicas mais cruciais em qualquer empresa e a abordagem de fazê-lo por ativos e competências é algo suportado por diversas teorias organizacionais.

Seguindo adiante, são conceituados cada um desses grandes grupos de ativos e competências, que conforme apontado e explicado acabam por se derivar e refletir sob a ótica de áreas da estrutura organizacional de cada empresa.

## **Ativos e competências *core*** (essenciais)

- ***Product & Service Management*** (Gestão de Produtos e Serviços): responsável pelo desenvolvimento e gestão do portfólio de produtos e serviços da empresa. Envolve desde a concepção e desenvolvimento do produto, passando pela análise de mercado, até a estratégia de lançamento e retirada de produtos. Inclui a inovação contínua para atender às mudanças nas preferências dos clientes e às tendências do mercado, garantindo que os produtos e serviços sejam competitivos e relevantes.

- ***Commercial & Relationship*** (Comercial e Relacionamento): engloba todas as atividades relacionadas à venda de produtos e serviços e ao estabelecimento de relações fortes com clientes. Abrange a identificação de oportunidades de mercado, negociação de contratos, gestão de vendas, e o desenvolvimento de estratégias para manter e aprofundar o relacionamento com clientes existentes e potenciais. A eficácia nesta área é essencial para impulsionar as receitas e sustentar o crescimento da empresa.

- ***Operation & Production*** (Operação e Produção): refere-se ao coração das operações da empresa, onde os produtos são fabricados ou os serviços são prestados. Envolve a gestão da cadeia de suprimentos, controle de qualidade, planejamento de produção e logística. A eficiência operacional é crucial para garantir a entrega de produtos e serviços de alta qualidade, no prazo e dentro do orçamento.

- ***Communication & Marketing*** (Comunicação e *Marketing*): lida com a criação e a implementação de estratégias para promover a empresa, seus produtos e serviços. Envolve atividades como publicidade, relações-públicas, marketing digital, gestão de marca e comunicação corporativa. O objetivo é aumentar a visibilidade e atratividade da empresa no mercado, atraindo e retendo clientes.

- ***Customer Service & Support*** (Atendimento ao Cliente e Suporte): foca no atendimento e suporte aos clientes após a venda. Inclui a resolução de problemas, suporte técnico, gestão de garantias e devoluções e feedback do cliente. Esta área é vital para garantir a satisfação do cliente, resolver questões rapidamente e manter uma boa reputação no mercado.

## **Ativos e competências *enabling*** (habilitadoras)

- ***Administration & Executive Management*** (Administração e Gestão Executiva): é o centro estratégico e decisório da empresa, envolvendo a alta administração e executivos. Suas responsabilidades incluem formular estratégias de negócios, tomada de decisões de alto nível, planejamento corporativo, e a definição da direção-geral da organização. Esta área é crucial para estabelecer objetivos, alocar recursos, e garantir que a empresa esteja alinhada com sua visão e metas de longo prazo.

- ***Finance & Accounting*** (Finanças e Contabilidade): engloba a gestão das finanças da organização, incluindo contabilidade, planejamento financeiro, análise de investimentos, gestão de riscos financeiros e relatórios financeiros. Esta área é vital para a saúde financeira da empresa, assegurando que ela tenha os recursos necessários para operar e crescer, ao mesmo tempo, em que cumpre com as obrigações regulatórias e fiscais.

- ***Legal & Compliance*** (Jurídico e Conformidade): atua sobre todas as questões legais e de conformidade regulatória que afetam a empresa. Inclui o gerenciamento de riscos legais, aconselhamento sobre a legislação vigente, elaboração e revisão de contratos, e assegura que a empresa opere de forma ética e conforme as leis e regulamentos aplicáveis. A eficácia nesta área é crucial para proteger a empresa contra riscos legais e manter sua reputação.

- ***Infrastructure & Facilities*** (Infraestrutura e Instalações): responsável pela gestão física dos espaços e infraestrutura da empresa, como edifícios, escritórios, fábricas e centros de dados. Esta área assegura que as instalações sejam seguras, eficientes e adequadas às necessidades operacionais da empresa, incluindo a manutenção, gestão de espaço, e sustentabilidade.

- ***Human Resources*** (Recursos Humanos): gerencia todos os aspectos relacionados ao pessoal da empresa, incluindo recrutamento, treinamento, desenvolvimento de carreira, avaliação de desempenho, gestão de benefícios e relações trabalhistas. O RH é fundamental para atrair, desenvolver e reter talentos, além de cultivar uma cultura organizacional que apoie os objetivos da empresa.

- ***Information Technology*** (Tecnologia da Informação): abrange a gestão da infraestrutura tecnológica da empresa, incluindo sistemas de informação, redes, segurança de dados e suporte técnico. A TI é essencial para garantir que a empresa possa operar de forma eficaz e segura em um ambiente cada vez mais digitalizado, além de ser um motor de inovação e eficiência operacional.

Cada uma destas áreas de ativos e competências desempenha um papel único e essencial na estratégia e operação de uma empresa, porém, colaborando conjuntamente para alcançar objetivos empresariais e entregar valor aos stakeholders a partir da sinergia de suas ações.

Esta é uma visão geral, de forma que se encontram inúmeras variações e possibilidades no dia a dia das organizações de acordo com seus respectivos contextos e desafios, tendo como objetivo principal apenas prover um entendimento global, sem qualquer pretensão de abordar o tema exaustivamente.

Acesse o QR Code para saber mais.

https://ciocodex.com/cio-codex-framework/business/

## A Pirâmide de Diretrizes Corporativas

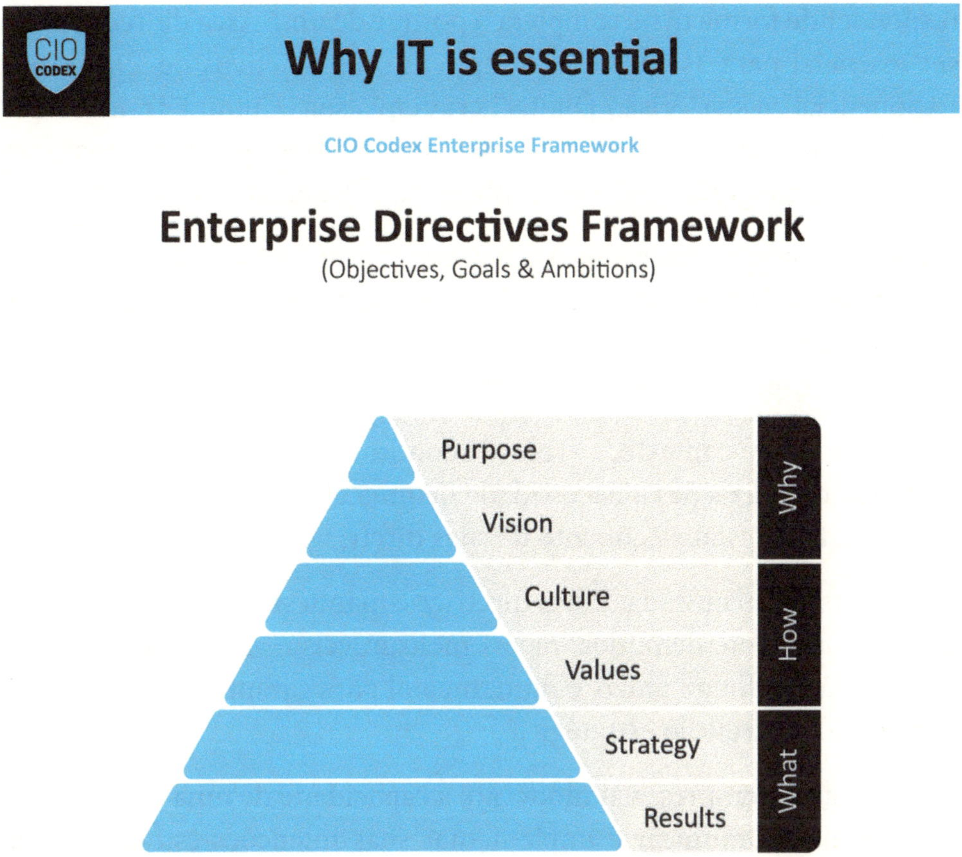


Quando se pensa em conceituar o que compõe uma empresa é necessário complementar seus ativos e competências com um componente que é, de certa forma, intangível.

O CIO Codex Framework se refere a este componente como suas diretrizes corporativas, aqui tratadas como os seus objetivos, metas e ambições.

Mesmo que uma organização possua claramente seus componentes tangíveis, como áreas, pessoas e demais ativos, sua perenidade requer de forma igualmente clara uma visão estruturada das suas diretrizes de objetivos corporativos.

Esta composição de aspectos tangíveis e intangíveis permite explicar e responder de forma mais completa o porquê de uma Área de Tecnologia ser essencial para as empresas atingirem seus objetivos de "Propósito Exponencial", a sua "Visão Digital", criarem a sua "Cultura Transformacional", respeitar seus "Valores Sustentáveis", construir e executar sua "Estratégia Integrada", tudo isso entregando "Resultados em 360º".

Afinal de contas, uma vez que "sucesso" pode ser definido como "alcançar seus objetivos", atingir os objetivos, metas e ambições exploradas na Pirâmide de Diretrizes Corporativas se torna essencial para uma empresa poder ser considerada bem-sucedida.

E dentro deste contexto, a evolução contínua do ambiente de negócios impõe às organizações a necessidade de uma abordagem disciplinada e estruturada no estabelecimento de suas diretrizes corporativas.

Uma visão estruturada destas diretrizes, manifestada por meio de objetivos claramente definidos, metas mensuráveis e ambições alinhadas com a visão de longo prazo, é fundamental para garantir a coerência e a eficiência na execução estratégica.

No contexto empresarial moderno, a capacidade de uma organização de formular, comunicar e implementar suas intenções estratégicas de maneira sistemática é um diferencial competitivo crítico.

Uma visão estruturada permite que a empresa articule suas intenções de uma forma que seja compreensível e acessível a todas as partes interessadas, internas e externas (dentre os quais se destacam os clientes).

Esta abordagem estruturada começa com a identificação clara do propósito da organização - o seu "porquê". Este propósito serve como o fundamento sobre o qual todos os outros aspectos das diretrizes corporativas são construídos.

A partir daí, as metas são estabelecidas como marcos que permitem o rastreamento do progresso em direção ao cumprimento desse propósito.

As ambições, por sua vez, representam o alcance desejado no horizonte estratégico da organização, refletindo suas aspirações e o impacto que deseja ter no mercado e na sociedade.

A definição de objetivos tangíveis e a sua interligação com metas operacionais específicas permitem que a organização não apenas planeje suas ações, mas também monitore sua trajetória e faça ajustes conforme necessário.

Este processo de monitoramento e ajuste contínuo é essencial para manter a relevância e a agilidade em um mercado em constante mudança.

Adicionalmente, uma visão estruturada das diretrizes corporativas facilita a alocação de recursos, a gestão de riscos e a maximização de eficiências.

A clareza nas intenções estratégicas permite que as equipes em todos os níveis da organização alinhem suas atividades diárias com os objetivos mais amplos, garantindo que os esforços individuais contribuam de maneira efetiva para os resultados coletivos.

Por fim, a comunicação destas diretrizes estruturadas é vital para engajar as partes interessadas. Quando os colaboradores compreendem como suas funções se encaixam no quadro geral, eles estão mais propensos a se sentir motivados e comprometidos com as diretrizes da organização.

Da mesma forma, quando os clientes e parceiros têm uma compreensão clara das ambições da empresa enquanto o seu propósito, visão, cultura e valores, é provável que eles desenvolvam uma relação de confiança e lealdade com a marca.

Em resumo, a adoção de uma visão estruturada das diretrizes corporativas é imperativa para assegurar que a organização mantenha uma direção estratégica clara, o alinhamento interno e a responsividade diante das dinâmicas de mercado, e sustente uma execução estratégica eficaz que consiga produzir resultados desejados consistentemente.

A fim de prover uma abordagem organizada para este tema, o CIO Codex usa o Enterprise Directives Framework, uma estrutura estratégica organizada em uma pirâmide de três grandes camadas que se alinham estreitamente com os princípios do *Golden Circle* de Simon Sinek, abordando os fundamentos de "Why" (Porque), "How" (Como) e "What" (O quê).

Ele permite que as organizações não apenas definam seus objetivos, metas e ambições, mas também desenvolvam culturas, valores, estratégias e resultados que são coerentes e alinhados com sua visão e propósito mais amplos.

Esta abordagem integrada é fundamental para empresas que buscam sucesso sustentável e um impacto significativo em seu ambiente e sociedade.

Este modelo é empregado para direcionar a formulação e a execução de estratégias de TI nas organizações, assegurando que as iniciativas de tecnologia estejam em sintonia com os objetivos empresariais globais, sendo organizado da seguinte forma:

## **Camada superior: "Why"** (Porque)

Na parte superior da pirâmide encontra-se o "Why", que representa o propósito e a visão da organização, a sua razão essencial de existir. Esta é uma parte fundamental, por oferecer um norte orientando as decisões e estratégias da organização.

Esta parte vai além da funcionalidade básica da empresa para explorar as razões mais profundas de sua existência, sendo organizada em 2 camadas:

- ***Purpose*** (propósito): o propósito é o coração da identidade da empresa, a razão essencial pela qual ela existe. Não está relacionado apenas com o que a empresa faz, mas porque ela faz - a motivação intrínseca que impulsiona todas as suas ações. É o elemento que responde à questão de porque a organização é relevante e o que ela visa alcançar. Seu posicionamento na pirâmide traz embutido o entendimento de que é a camada que antecede às demais. Este posicionamento representa justamente a razão de ser da própria organização, está diretamente relacionado com esta camada está o conceito de Propósito Transformador Massivo (PTM), originado no livro "Organizações Exponenciais" (como abordado no capítulo "Recapitulando livros marcantes"), para orientar a expansão da abrangência e dos impactos estabelecidos pelos propósitos corporativos de uma forma transformacional e em escala exponencial e massiva.

- ***Vision*** (visão): a visão é a projeção do futuro que a organização deseja criar ou influenciar. É uma imagem inspiradora do destino que a empresa aspira alcançar, serve como um guia inspirador, ajudando a definir a direção para as metas e estratégias subsequentes. Seu posicionamento na pirâmide denota que a visão é decorrente do propósito, a sua materialização enquanto uma idealização do futuro. Por sua vez, no contexto contemporâneo, a definição de uma visão corporativa precisa considerar os impactos da revolução digital que tem reorganizado toda a sociedade, transformando as expectativas de usabilidade, disponibilidade e assertividade dos produtos e serviços.

## **Camada intermediária: "How"** (Como)

No meio da pirâmide, encontramos a parte do "How", que delineia a cultura e os valores da empresa e aborda como uma organização pensa e opera. O "How" é crucial porque conecta o propósito e a visão da empresa com sua execução e operação, garantindo que o trabalho diário esteja alinhado com os objetivos maiores da organização.

Esta parte define como a organização transforma seu propósito e visão em realidade, estando organizada em outras duas camadas:

- ***Culture*** (cultura): reflete o DNA da organização, influenciando como as estratégias são implementadas. Abrange as normas, as práticas e os comportamentos que definem o ambiente de trabalho e como as equipes interagem e colaboram para alcançar os objetivos da organização. Seu posicionamento da pirâmide visa representar o que está no centro do todo, guiando como as estratégias serão executadas e os resultados definidos, assim como a forma com que a visão e o propósito são organizados. Como orientador do conceito de cultura, é pertinente considerar os aspectos tratados pelo livro "Culture Code", que abordam a importância de uma cultura forte e seus impactos decisivos para os resultados, e o sucesso de cada empresa a partir de um mindset exponencial.

- ***Values*** (valores): os valores são os princípios orientadores que moldam as decisões e ações da empresa. Eles refletem o que a organização valoriza e acredita, guiando o comportamento e as escolhas. Estes valores servem como critérios para a tomada de decisões e formam a base ética sobre a qual as atividades da organização são executadas, assegurando que as ações estejam alinhadas com o propósito e a visão da empresa. Seu posicionamento na pirâmide visa representar como os valores funcionam como uma fundação sobre a qual a cultura, visão e propósito são definidos, pois tudo nasce a partir dos valores e crenças da organização. E igualmente no contexto contemporâneo, existe uma expectativa clara por parte da sociedade para que os valores de cada organização estejam alinhados aos conceitos de sustentabilidade, notadamente a tríade ESG (Environment, Social and Governance) tão em voga e utilizada como parâmetro de mercado.

## Camada base: "What" (O quê)

Na base da pirâmide situa-se o "What", que se refere à estratégia e aos resultados concretos da empresa, sendo a manifestação tangível do "Why" e do "How", na forma de expressar o que a organização efetivamente entrega.

O "What" é essencial, por ser onde a estratégia se torna realidade, permitindo que a organização avalie seu sucesso na execução de sua visão e propósito, estando organizada em duas camadas finais:

- ***Strategy*** (estratégia): a estratégia engloba os planos e iniciativas específicos desenvolvidos para alcançar a visão e o propósito da empresa. Inclui a definição de objetivos claros e a formulação de caminhos para alcançá-los, estruturando o que a organização planeja realizar. Define as abordagens táticas, as prioridades, os projetos e as mudanças necessárias para alinhar os ativos e competências da organização com os objetivos, metas e ambições de negócio. Seu posicionamento na pirâmide representa que a estratégia deve, por fim, exprimir o propósito, visão, cultura e valores da organização, de uma forma organizada e estruturada em decisões concretas, que posteriormente são materializadas em um plano de ação e iniciativas. Como aspectos-chave para uma estratégia deve-se considerar a sua abrangência, contemplando múltiplas dimensões de análise e escopo, inclusive contemplar os mais diversos aspectos de megatendências globais, que apesar de, em muitos casos estarem fora do controle da organização, precisam ser considerados.

- ***Results*** (resultados): os resultados são as realizações tangíveis e mensuráveis da estratégia da organização. Eles permitem demonstrar o sucesso da empresa, sob a perspectiva de alcançar seus objetivos, refletindo a eficácia com que o propósito e a visão foram traduzidos em ação, representando concretamente o que a organização entrega. Inclui métricas

> de desempenho, benchmarks e resultados tangíveis que demonstram como a TI está contribuindo para os objetivos de negócios e o que está sendo alcançado. Seu posicionamento na pirâmide denota que representa o "botton line", os resultados efetivos de qualquer organização, sob os mais diferentes aspectos. No entendimento atual sobre a função das organizações, se faz pertinente garantir que os resultados sejam organizados e mensurados sob uma perspectiva 360°, abrangendo os shareholders, os clientes, parceiros, colaboradores e a sociedade.

A utilidade do CIO Codex Enterprise Directives Framework é ampliada pelo seu *design* integrado, que assegura que cada camada e cada elemento na camada não operam em isolamento, mas estão intrinsecamente conectados.

O "Why" informa o "How", que, por sua vez, define o "What", de forma que, ao seguir esta abordagem estruturada e coerente, as organizações podem garantir que suas diretrizes de TI estejam não apenas alinhadas com a estratégia empresarial, mas também reforcem e promovam os objetivos de negócio de maneira abrangente.

Acesse o QR Code para saber mais.

https://ciocodex.com/cio-codex-framework/enterprise-directives/

## A Tecnologia da Informação

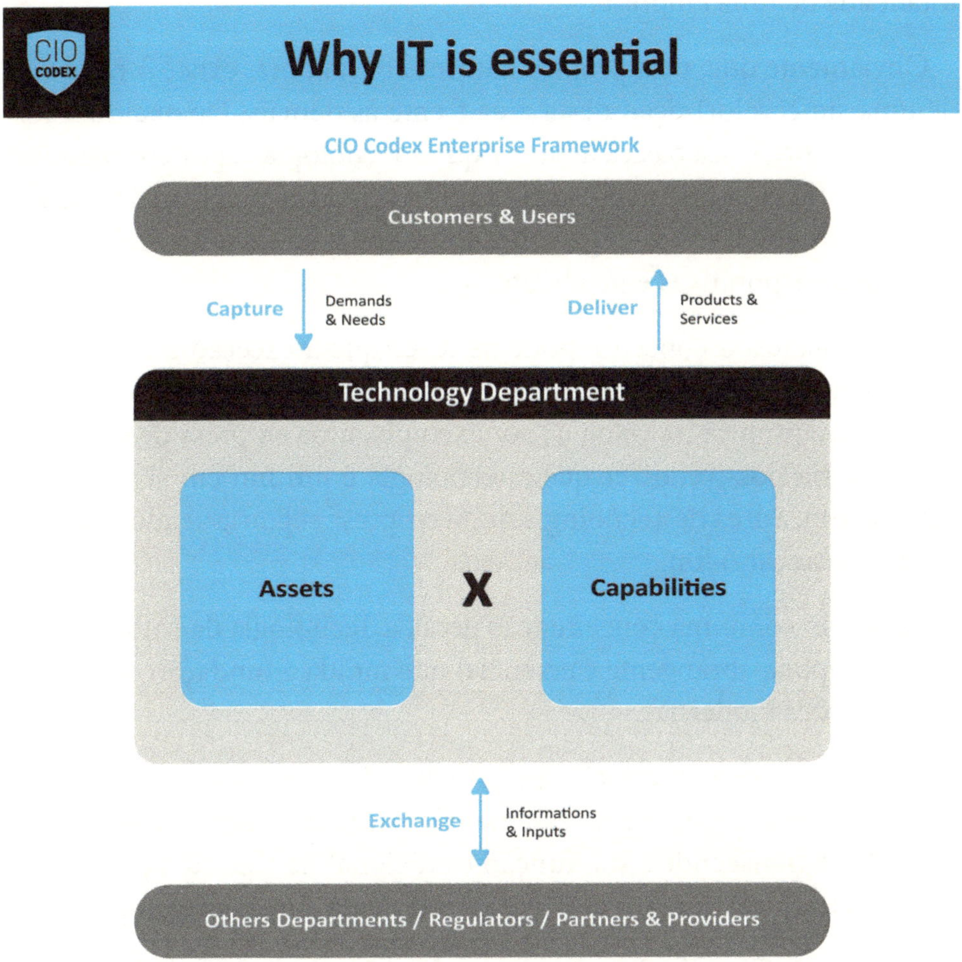


Este é o conteúdo em que é explorado com um pouco mais de detalhes a "TI", a famosa Área de Tecnologia da Informação.

Vale ressaltar, antecipadamente, que a visão mais ampla do detalhamento se dá quando se considera todo o CIO Codex Framework em seus mais diversos componentes, de forma que, neste conteúdo específico, o foco maior se dá em grandes conceitos e respectivos impactos para o negócio.

Como foi apontado anteriormente, vale ressaltar que a TI é uma das áreas ou um dos conjuntos de ativos e competências, que compõem a totalidade de uma empresa.

Obviamente que, pela própria natureza desta obra, existe o risco real de uma supervalorização desta área frente às demais. De qualquer forma, é uma premissa básica assumir que a tecnologia e, por conseguinte, a área de Tecnologia, não é um fim em si, mas sim um meio para se alcançar os objetivos da organização, sempre com foco na pirâmide de diretrizes corporativas e no cliente.

Extrapolando o conceito, pode-se dizer que a exceção à regra se dá para os casos em que se trata de uma empresa a qual possui como produto final a própria tecnologia (por exemplo, uma empresa de *software*), pois aí seria possível dizer que a tecnologia é um fim em si. Contudo, ainda assim, a área de Tecnologia desta empresa seguiria sendo um meio para se alcançar o fim.

Seguindo com uma conceituação geral, a Tecnologia da Informação é uma disciplina abrangente e essencial que molda a fundação digital das organizações modernas.

É caracterizada pela criação, gestão e uso de sistemas computacionais, *softwares* e redes para o processamento, armazenamento e transmissão de dados e transcende a sua função tradicional de suporte operacional, emergindo como uma peça-chave na estratégia e inovação empresarial.

Na base da TI está a infraestrutura de sistemas de informação, composta por *hardware* e *software* que funcionam em conjunto para processar informações de maneira eficaz e eficiente.

Esta infraestrutura não é apenas um conjunto de computadores e servidores, mas também uma rede complexa de dispositivos de comunicação e armazenamento de dados, todos interconectados para facilitar o fluxo e o acesso a informações vitais para a organização.

Este sistema integrado é a espinha dorsal que permite que a empresa colete, processe, armazene e dissemine informações, tornando-as acessíveis para a tomada de decisão, operações de negócios e comunicação estratégica.

A segurança da informação, um subsetor crucial da TI, desempenha um papel fundamental na proteção de dados contra acessos não autorizados e ameaças cibernéticas.

Esta área é dedicada a garantir a confidencialidade, integridade e disponibilidade das informações, utilizando tecnologias como criptografia, *firewalls* e sistemas de detecção de intrusões para defender contra vulnerabilidades e ataques.

Além disso, a TI é intrinsecamente ligada ao desenvolvimento e ao gerenciamento de aplicações e este papel envolve a criação de *softwares* personalizados que atendam às necessidades específicas da organização, englobando desde o desenvolvimento de aplicativos internos até soluções para clientes.

A manutenção e a atualização contínua destes aplicativos são vitais para assegurar a funcionalidade e a segurança, refletindo a natureza dinâmica da TI.

A TI também se destaca no apoio à tomada de decisão estratégica. Com a capacidade de coletar e analisar grandes volumes de dados, a TI oferece *insights* valiosos que orientam as decisões empresariais, permitindo respostas rápidas às mudanças no ambiente de mercado. Esta capacidade de transformar dados em inteligência de negócios é fundamental para a competitividade e eficiência operacional.

Com a evolução contínua da tecnologia, a TI enfrenta desafios constantes, como a necessidade de segurança cibernética robusta, a integração de novas tecnologias e o gerenciamento eficaz de dados.

Estes desafios, no entanto, também apresentam oportunidades para inovação e crescimento. A TI, portanto, não é apenas uma ferramenta operacional, mas um ativo estratégico que impulsiona a inovação, sustenta a eficiência operacional e molda o futuro das organizações no cenário empresarial contemporâneo.

Imagine a seguinte pergunta: "O que é uma Área de Tecnologia?"

É muito provável que em um primeiro impulso a resposta óbvia seja algo como "é o departamento da empresa que cuida dos sistemas e computadores".

Apesar de óbvia e curta, ela não estaria conceitualmente errada, muito embora não seria suficientemente completa, por valer a pena detalhar um pouco melhor os diversos componentes, suas nuances e as relações que compõem uma área de tecnologia.

Sendo assim, pode-se considerar mais adequado definir uma área de tecnologia como sendo um conjunto de ativos e competências (tal e qual a própria definição de uma empresa), focado em um universo específico de conhecimentos, habilidades, técnicas e ferramentas utilizadas para criar, gerenciar, manter, evoluir e implementar soluções tecnológicas.

Valendo ressaltar que, como bem apontado no diagrama inicial explicando uma empresa (CIO Codex Enterprise Framework), a tecnologia, assim como as demais áreas da organização, deve ser orientada pela pirâmide de diretrizes, tendo como foco os mesmos objetivos, metas e ambições da empresa, atuando para promover que eles sejam alcançados.

Já quando se pensa nos ativos e competências, assim como nas suas relações, é importante considerar que os ativos são tanto tangíveis quanto intangíveis, assim como todo este conjunto de ativos é potencializado pelo conjunto de competências.

O diagrama geral apresentado no início deste capítulo visa mostrar esta relação em um contexto que abrange os diversos *stakeholders* usualmente envolvidos com a área de tecnologia.

Quanto ao diagrama, olhando desta forma, pode-se ter a percepção de que uma área de tecnologia não é nada tão complexo assim. São algumas informações que entram, são tratadas e saem, na forma de produtos e serviços.

Entretanto, caso seja dado um zoom e avaliado com mais detalhes quais são estes "ativos" e "competências", a perspectiva tende a mudar um pouco e isso se dá por conta da enorme quantidade e variabilidade destes ativos e competências.

E a questão é ainda agravada pela natureza dos serviços e produtos prestados pela área de tecnologia: são em sua grande maioria críticos.

Este nível de criticidade certamente varia de acordo com cada tipo de serviço ou produto, bem como com a natureza da própria empresa (como vimos anteriormente, algumas são mais ou menos impactadas pela tecnologia).

De qualquer forma, o normal é que sejam muito críticos, geralmente do tipo "não pode parar". Daí a complexidade nativa e intrínseca de uma área de tecnologia.

É um desafio significativo adquirir, criar, desenvolver e manter esta quantidade tão grande de ativos e competências distintas, ao mesmo tempo que a margem de manobra para falhas é baixa, pela criticidade dos produtos e serviços e a necessidade de manter a operação estável.

A evolução da Tecnologia da Informação nas últimas décadas transformou-a de um suporte operacional para um motor estratégico de negócios, de forma que, com essa ascensão, a configuração das áreas de TI nas organizações evoluiu consideravelmente sob diversas dimensões de análise.

## Organização de TI

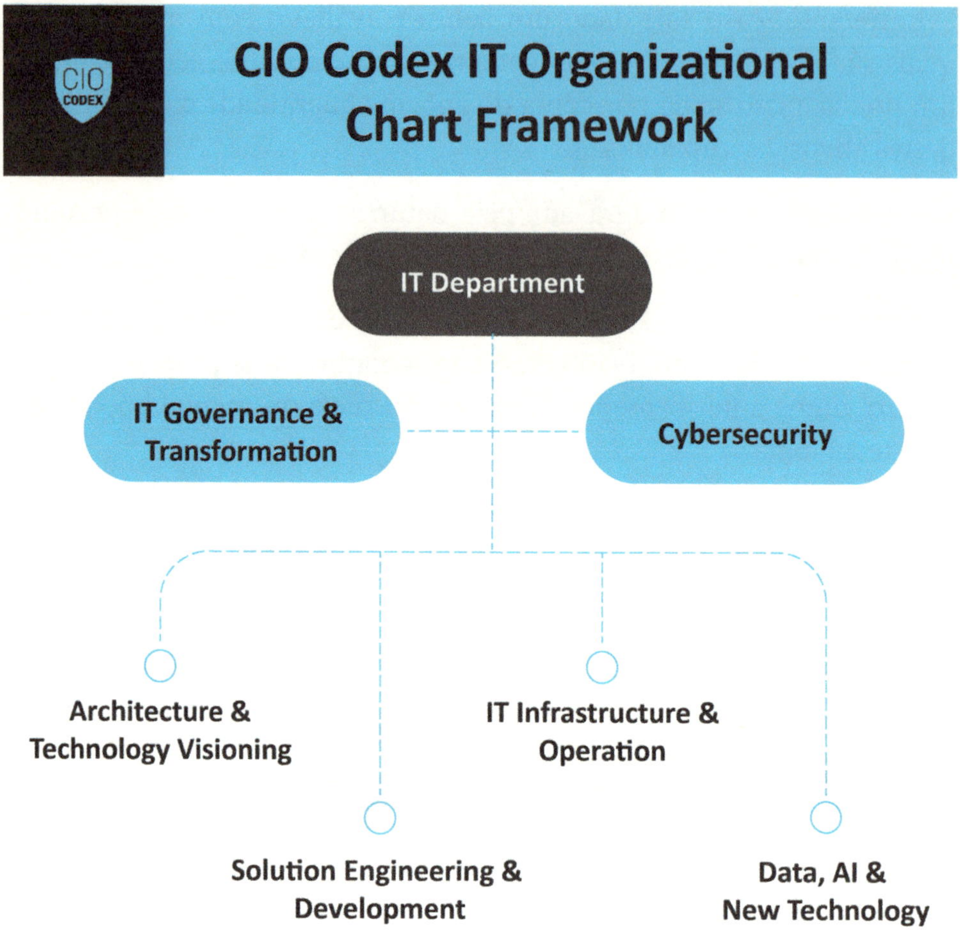


Hoje, uma Área de Tecnologia não é apenas um departamento funcional, mas sim um ecossistema complexo, com várias subáreas interconectadas, cada uma desempenhando papéis críticos na facilitação e direcionamento do crescimento do negócio.

Tal e qual abordado no conteúdo que explicou o Business, também quando se pensa na organização de uma área de tecnologia, é muito comum que as empresas organizem seus ativos e competências em áreas ou departamentos. Isso porque elas têm o propósito principal de buscar a maior sinergia e potencialização dos seus recursos correlatos.

Como a área de tecnologia se organiza, influencia diretamente a eficiência, a comunicação, a capacidade de inovação e a resposta às mudanças do mercado, seguindo os próprios desafios da empresa.

As teorias de administração nos ensinam que a estrutura organizacional de uma Área de Tecnologia (ou de qualquer área funcional, para ser mais exato) é frequentemente um reflexo direto de suas competências essenciais, das habilidades e dos conhecimentos que a distinguem da concorrência e oferecem vantagem competitiva.

O CIO Codex Organizational Chart Framework exemplifica este conceito, propondo uma estrutura organizacional derivada das capabilities detalhadas no CIO Codex Capability Framework.

De forma geral e ampla, o propósito da área de tecnologia vai além de manter e gerenciar sistemas de informação. Ela serve como um pilar para a inovação, otimização de processos e geração de valor através da tecnologia.

O objetivo é garantir que as iniciativas de TI estejam alinhadas com as estratégias de negócios, proporcionando soluções que impulsionem a eficiência, a eficácia e, em última instância, o sucesso do negócio.

Dentro deste contexto, as responsabilidades gerais da área de tecnologia se estendem por diversas dimensões, desde garantir a segurança da informação até liderar a jornada de transformação digital da empresa.

Isso inclui o gerenciamento de infraestrutura, desenvolvimento de software, análise de dados, inovação tecnológica e a governança de TI.

O propósito desta área vital se dá em múltiplas dimensões. Ela deve garantir a operacionalidade contínua, impulsionar a inovação, gerenciar o risco e fornecer insights estratégicos que podem definir a direção de uma empresa.

Assim como apontado sob a perspectiva de uma empresa na totalidade, existem inúmeras possibilidades e modelos distintos no mercado, sem que haja uma classificação direta de "certo" ou "errado".

Cada organização e, nesse caso, cada área de tecnologia, possui suas próprias diretrizes de objetivos, metas e ambições, assim como seu conjunto específico de ativos e competências, daí a necessidade de se criar um modelo próprio de organização.

De qualquer forma, ainda que eventualmente sob nomes, atribuições e responsabilidades que podem variar de caso a caso no mercado pelas razões anteriormente expostas, é possível ainda assim listar um conjunto "vanilla" de áreas ou departamentos usualmente existentes na maioria das organizações.

Cada uma destas áreas não só cumpre seu papel único, mas também é sinérgica com as outras, para formar uma função de TI robusta e resiliente:

- ***Architecture & Technology Visioning*** (Arquitetura & Visão Tecnológica): a área é fundamental para a inovação nos negócios, focando no gerenciamento de estratégias digitais e cocriação com Design Thinking. Inclui a implementação de arquitetura empresarial estratégica, alinhada às tendências de mercado. Essencial é a gestão do ciclo de vida da tecnologia, abrangendo desde a concepção até o suporte. A inovação é central, envolvendo gerenciamento de novas tecnologias, incubação de ideias e fomento de modelos de negócios inovadores por hackathons, etc. A área também adota metodologias ágeis para alcançar a agilidade organizacional e colabora no desenvolvimento de soluções inovadoras, mantendo a empresa competitiva no mercado digital.

- ***Solution Engineering & Development*** (Engenharia & Desenvolvimento de Soluções): a área é essencial para a transformação digital, convertendo necessidades empresariais em soluções tecnológicas inovadoras. Sua missão envolve gerir e evoluir um portfólio de projetos, desde a concepção até a execução, alinhando-se às estratégias de negócio. Com ênfase em metodologias ágeis e práticas de DevSecOps, a área enfatiza eficiência e qualidade no desenvolvimento, promovendo inovação contínua e adaptabilidade no atual cenário tecnológico.

- ***IT Infrastructure & Operation*** (Infraestrutura e Operação de TI): a área é crucial para a continuidade e eficiência operacional dos negócios, focando em gestão de serviços e suporte à infraestrutura tecnológica atual e futura. Responsável por gerenciar transições de serviços e assegurar confiabilidade operacional, minimiza interrupções e otimiza o desempenho. A área gerencia operações on-premises e em nuvem, abrangendo desde a resposta a incidentes até a adoção de inovações, visando melhoria contínua e excelência no serviço.

- ***Data, AI & New Technology*** (Dados, IA & Novas Tecnologias): a área foca na exploração de dados e tecnologias emergentes para inovação e otimização de processos. Essa área prioriza a governança e análise de dados para extrair insights, gerenciando dados mestres e metadados e mantendo a privacidade e a qualidade dos dados. Amplia seu foco para implementar e aperfeiçoar modelos em Inteligência Artificial, Machine Learning e outras tecnologias, visando oportunidades, otimização e escalabilidade. Com uma abordagem experimental, lidera a transformação orientada por dados, utilizando tecnologias avançadas para superar desafios de negócios e impulsionar o crescimento estratégico.

- ***Cybersecurity*** (Cibersegurança): a área é essencial para garantir a integridade, confidencialidade, disponibilidade de dados e sistemas em uma organização. Ela desenvolve estratégias e governança, além de arquitetura de segurança cibernética, com políticas e protocolos para proteger contra ameaças digitais. A ação central em suas operações é o gerenciamento proativo de incidentes, assegurando respostas rápidas e eficazes. A área também gerencia vulnerabilidades, acessos, autorizações e administração de certificados, mantendo a segurança em toda a infraestrutura de TI e aplicações. Com uma abordagem diligente em gestão de riscos, compliance e auditoria, Cybersecurity é fundamental na defesa organizacional contra ameaças em evolução. Esta área varia entre organizações, estando em algumas na TI e em outras, operando paralelamente.

- ***IT Governance & Transformation*** (Governança & Transformação de TI): a área é crucial para o alinhamento estratégico e eficiência na TI, estruturando a governança de TI para orientar análises de mercado e benchmarking, gerenciamento de dados, indicadores e painéis de controle, com foco em melhoria contínua e gestão de desempenho. Responsável pela administração de programas e projetos, qualidade, produtividade, comunicação, colaboração, conformidade regulatória e gestão de riscos, a área também cuida da gestão financeira e de fornecedores com uma abordagem de strategic sourcing. Além disso, trata a gestão de talentos de forma holística, cobrindo todo o ciclo de carreira. Portanto, IT Governance & Transformation é a guardiã da excelência operacional e transformacional em TI, impulsionando recursos para atingir os objetivos de negócio no contexto atual de Business Agility e transformação digital.

## A Tecnologia como agente da transformação

Uma alavanca de transformação pode ser definida como um fator ou conjunto de fatores críticos que impulsionam mudanças significativas numa organização, redefinindo seus processos, estratégias e até sua cultura.

Estas alavancas têm evoluído ao longo do tempo, refletindo as mudanças no ambiente de negócios e na sociedade inteira.

Neste contexto, a tecnologia emergiu como a principal alavanca de transformação nas empresas contemporâneas, um fenômeno que pode ser melhor compreendido por uma análise da evolução histórica destas alavancas sob a perspectiva de três eixos a seguir.

## 1 - Simplificação e Eficiência Operacional

O cenário corporativo moderno é intrincado, com um fluxo constante de informações e a necessidade de manter operações ágeis.

Por isso, as empresas estão em busca constante de soluções que otimizem seus processos e é aqui que o conceito de Simplificação e Eficiência Operacional entra, tornando-se um dos pilares centrais da gestão moderna.

A Simplificação e Eficiência Operacional refere-se à prática de tornar os processos de negócios mais simples e eficazes, utilizando menos recursos e alcançando os resultados desejados de maneira mais rápida e precisa.

O objetivo é eliminar desperdícios, reduzir custos e melhorar a produtividade, permitindo que as empresas mantenham ou aumentem a qualidade de seus produtos, ou serviços sem aumentar proporcionalmente seus custos.

A busca pela simplificação e eficiência operacional é uma jornada contínua, pois à medida que as empresas crescem e o mercado evolui, novos desafios surgirão. Nesse contexto, com uma abordagem focada e o suporte da Tecnologia da Informação, as empresas estão mais preparadas do que nunca para enfrentar estes desafios e operar de forma otimizada.

Alguns exemplos de tipos de alavancas de transformação que a tecnologia proporciona às empresas sob esta perspectiva, são: Automação de Processos, Integração de Sistemas, Análise de Dados, Otimização de Recursos, Melhoria Contínua e Inovação.

## 2 - Diferenciação e Inovação junto ao Mercado

Em uma era de negócios globalizados, com concorrência intensa e consumidores cada vez mais informados, é imprescindível que as empresas busquem maneiras de se destacar e a Diferenciação e Inovação junto ao Mercado tornou-se uma estratégia central para empresas que almejam uma posição de liderança e sustentabilidade a longo prazo.

A Diferenciação refere-se à capacidade de uma empresa de se distinguir dos concorrentes por produtos, serviços, branding ou outras características únicas valorizadas pelos clientes, na qual o objetivo é criar uma proposta de valor única que os concorrentes não podem replicar facilmente.

A Inovação, por sua vez, é o processo de criar e implementar algo novo. Seja um produto, serviço, processo ou modelo de negócios – que possa agregar valor à empresa e aos seus stakeholders, de forma que a inovação é a força motriz por trás da diferenciação, por permitir que as empresas ofereçam algo novo e relevante para o mercado.

A Diferenciação e a Inovação junto ao Mercado não são apenas estratégias para crescimento, são essenciais para qualquer empresa que deseja prosperar em um cenário empresarial em constante mudança.

Com os avanços da TI, as oportunidades para se diferenciar e inovar são inúmeras. As empresas que aproveitam estas oportunidades não apenas se destacam da concorrência, mas também garantem sua relevância e sucesso a longo prazo.

A Diferenciação e a Inovação junto ao Mercado são aspectos vitais para o sucesso e a sustentabilidade de longo prazo das empresas em um ambiente de negócios cada vez mais competitivo e globalizado.

A Tecnologia da Informação oferece uma gama de ferramentas e abordagens que podem ser utilizadas pelas empresas para se destacarem e inovarem.

Alguns exemplos de alavancas de transformação proporcionadas pela tecnologia sob esta perspectiva, são: Desenvolvimento de Produtos e Serviços Inovadores, Personalização e Customização, Marketing e Branding Inovadores, Melhoria Contínua e Feedback do Mercado, Expansão e Adaptação ao Mercado Global.

## 3 - Interação e Relacionamento com os Clientes

À medida que se avança na era digital, o foco das empresas não está apenas na venda de produtos ou serviços, mas também na construção de relações significativas e duradouras com os clientes. A Interação e Relacionamento com os Clientes tornou-se um pilar essencial para empresas que buscam não só atrair, mas também reter e fidelizar seus consumidores.

A Interação refere-se a todos os pontos de contato que uma empresa tem com seus clientes, seja por canais de comunicação tradicionais, como telefone e e-mail ou digitais, como redes sociais, chatbots e aplicativos.

O Relacionamento vai além das simples interações, é a construção de uma ligação contínua e positiva com o cliente, buscando compreender suas necessidades, antecipar suas demandas e, acima de tudo, garantir sua satisfação e lealdade ao longo do tempo.

A Interação e o Relacionamento com os Clientes não é apenas uma estratégia moderna, é um imperativo para empresas que desejam se manter competitivas no mercado atual.

A tecnologia, ao proporcionar ferramentas e insights, torna-se o alicerce para empresas que buscam construir e manter relações sólidas e significativas com seus clientes, garantindo, assim, sucesso e crescimento sustentável.

A Interação e o Relacionamento com os Clientes são componentes críticos para o sucesso das empresas na era digital, pois estabelecer e manter relações significativas e duradouras com os clientes é fundamental para atrair, reter e fidelizar consumidores.

A Tecnologia da Informação oferece diversas ferramentas e abordagens que facilitam e enriquecem esta interação e este relacionamento.

Alguns exemplos concretos de alavancas de transformação proporcionadas pela tecnologia nesta área, são: Sistemas de Gestão de Relacionamento com o Cliente, Canais Digitais de Comunicação, Personalização e Experiências Customizadas, Engajamento e Fidelização, Feedback e Melhoria Contínua.

Acesse o QR Code para saber mais.

https://ciocodex.com/cio-codex-framework/information-technology-2/

## O Papel do CIO

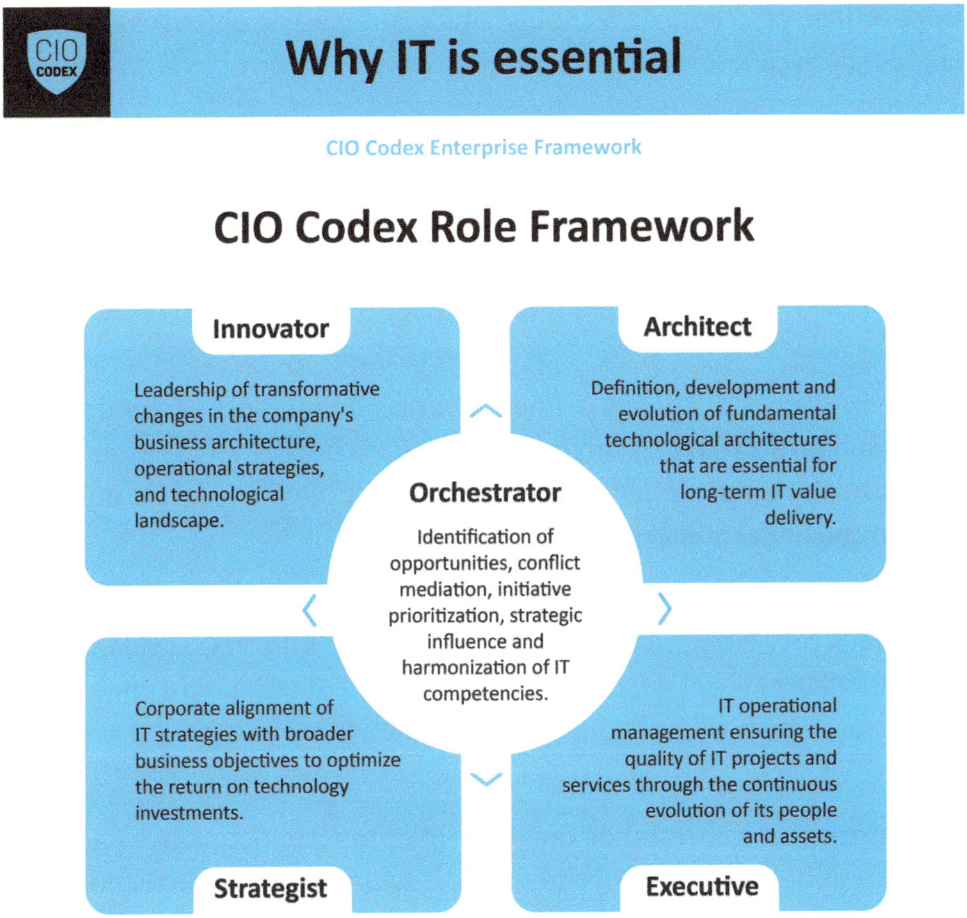


O papel do Chief Information Officer (CIO) é crucial para a estrutura organizacional moderna, representando a liderança e a inovação na área de Tecnologia da Informação.

Este papel ultrapassa a tradicional supervisão de sistemas e infraestrutura de TI, assumindo um papel mais amplo e integral na estratégia de negócios e operações de uma empresa. Por esta razão o CIO passa a ser responsável por garantir que a tecnologia não somente suporte, mas também direcione e impulsione a empresa em direção à eficiência, à inovação e ao crescimento.

Em muitas organizações, a influência do CIO expandiu-se significativamente, ultrapassando as operações de TI para se tornar uma força motriz no planejamento estratégico corporativo. Esta evolução reflete a importância crescente da tecnologia na realização de objetivos de negócios e na criação de vantagem competitiva.

Assim, o papel do CIO é agora visto como um híbrido de liderança executiva e competência técnica, exigindo um profissional que traduza as complexidades da tecnologia em soluções e estratégias de negócios viáveis. Neste contexto, o CIO Codex Role Framework oferece uma visão estruturada e organizada sobre as responsabilidades multifacetadas do CIO.

Este modelo não apenas delineia as áreas de foco primárias do CIO, mas também serve como um guia para outros líderes de TI e executivos que buscam compreender melhor como a tecnologia pode ser utilizada para impulsionar o sucesso organizacional.

As competências e desafios associados ao papel do CIO são também relevantes para líderes como Chief Technology Officers (CTOs), Chief Digital Officers (CDOs), e outros executivos que trabalham em estreita colaboração com a TI para alcançar os objetivos estratégicos da empresa.

É imprescindível ressaltar que os princípios que definem o papel do CIO são aplicáveis a todos os níveis de liderança na área de tecnologia.

As habilidades e estratégias empregadas por CIOs para alinhar a TI com as metas corporativas são, igualmente, valiosas para os líderes de TI em posições de gestão e supervisão.

Eles compartilham o desafio comum de integrar soluções tecnológicas avançadas com as operações de negócios para promover inovação e eficiência.

A área de atuação de um CIO abrange uma variedade de funções estratégicas, que podem ser organizadas em cinco eixos principais:

- ***Innovator*** (Inovador): o CIO atua como um agente de mudança, incentivando a adoção de novas tecnologias e processos para transformar a organização.
- ***Architect*** (Arquiteto): responsável por estabelecer a arquitetura de TI, o CIO garante que as soluções tecnológicas estejam alinhadas com as necessidades e objetivos da empresa.
- ***Strategist*** (Estrategista): este eixo enfoca o alinhamento entre estratégia de negócios e TI, buscando maximizar o retorno sobre os investimentos em tecnologia.
- ***Executive*** (Executivo): engloba as responsabilidades operacionais do CIO, incluindo a gestão da equipe de TI e a manutenção de sistemas críticos para a empresa.
- ***Orchestrator*** (Orquestrador): o CIO possui uma visão abrangente das operações da empresa e das competências da tecnologia, usando essa perspectiva para coordenar iniciativas estratégicas entre diferentes departamentos.

Cada um destes eixos requer um conjunto de skills técnicos e comportamentais específicos, exploradas em detalhes para fornecer uma compreensão abrangente do papel do CIO.

O exame destas habilidades não apenas esclarece o escopo do papel do CIO, mas também estabelece um padrão pelo qual outros líderes de TI podem aspirar e ser avaliados.

O papel do CIO é fundamental na construção de uma organização resiliente e ágil, capaz de responder rapidamente a mudanças de mercado e oportunidades de inovação.

Por meio da liderança tecnológica eficaz, os CIOs e seus colegas executivos conseguem catalisar o crescimento e a transformação organizacional, criando um impacto duradouro que vai além das métricas tradicionais de desempenho de TI.

Este papel é um elo vital entre a tecnologia e as ambições estratégicas mais amplas da empresa, influenciando diretamente a capacidade da organização de alcançar e sustentar o sucesso no ambiente empresarial volátil e competitivo de hoje.

Em suma, o papel do CIO, conforme delineado pelo CIO Codex Framework, é central para a concretização da visão de negócios de uma organização, potencializando todos os ativos e competências de tecnologia em uso estratégico desses componentes por parte da organização.

A análise aprofundada desses eixos, as skills requeridas por cada qual, assim como as oportunidades e alavancas de atuação respectivas, fornece uma compreensão profunda e abrangente dos desafios e das oportunidades que moldam o papel do CIO no cenário corporativo atual e futuro.

Acesse o QR Code para saber mais.

https://ciocodex.com/cio-codex-framework/cio-c-level/

CAPÍTULO 5

# Como a TI pode ser bem-sucedida

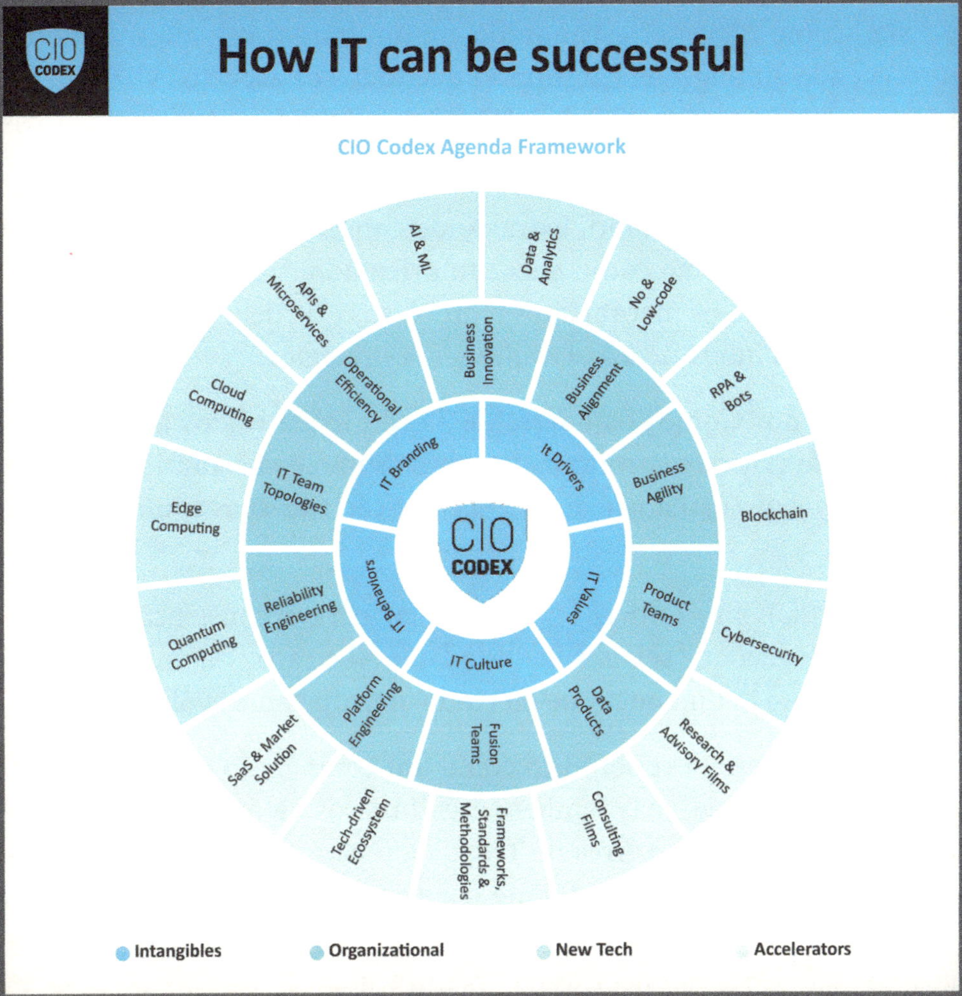

A importância de se abordar o "Como" na Área de Tecnologia relaciona-se intrinsecamente com a necessidade de uma abordagem estratégica e estruturada que capacite os líderes a atingirem excelência operacional e inovação.

Este "Como" deve ser estruturado em um framework que atue como uma agenda abrangente, garantindo que todos os aspectos vitais da estratégia, gestão e operação de TI estejam alinhados com os objetivos empresariais e as tendências de mercado.

Neste contexto, o "Como" extraído do conceito do Golden Circle, se encaixa perfeitamente como conceito orientador para os líderes de TI na reflexão sobre os mecanismos e processos que definem a excelência operacional, a inovação e a alavancagem estratégica.

Ao focar no "Como", os líderes de TI são incentivados a adotar um pensamento crítico e aprofundado sobre os processos, práticas e metodologias que direcionam a eficiência e a eficácia de suas equipes e sistemas.

Este pensamento crítico é fundamental para a construção de uma base tecnológica que seja resiliente, adaptável e capaz de impulsionar o negócio frente às dinâmicas de mercado em constante evolução.

Este framework deve ser visto como um compêndio que integra não apenas a tecnologia, mas também a cultura, os valores e o comportamento que permeiam a Área de Tecnologia para abranger desde a adoção de tecnologias emergentes até o fortalecimento das competências internas, promovendo uma harmonização entre a capacidade tecnológica e as ambições estratégicas da organização.

A definição de "Como" uma Área de Tecnologia pode ser bem-sucedida passa, portanto, pelo estabelecimento de um framework que sirva de norte para os CIOs e executivos de TI, os quais devem estar sempre atentos ao futuro, à inovação e à busca incessante pela excelência.

Neste sentido, o CIO Codex Agenda Framework desempenha um papel importante da visão estratégica de TI, agindo como um norte para CIOs e executivos que aspiram a uma liderança eficaz e moderna, suportada pelos temas e conceitos mais relevantes da atualidade.

Este framework não é uma ferramenta, mas sim uma visão estratégica composta por uma série de elementos interconectados, criados para orientar a Área de Tecnologia rumo à excelência e ao alinhamento estratégico com as dinâmicas empresariais e mercadológicas atuais.

A relevância deste framework reside na sua capacidade de sintetizar e estruturar os temas atuais em uma única agenda, permitindo aos CIOs uma visão panorâmica e integrada dos componentes que moldam uma TI bem-sucedida.

Ele foi meticulosamente desenvolvido para abordar tanto as tendências tecnológicas emergentes quanto os aspectos intangíveis que frequentemente são subestimados, mas fundamentais para a coesão e o sucesso a longo prazo, de forma tal que a sua abrangência garanta que nenhum elemento crítico seja negligenciado.

O CIO Codex Agenda Framework sugere que os CIOs incorporem todos estes elementos em suas agendas diárias para garantir uma Área de Tecnologia moderna, eficiente e pronta para os desafios da sociedade digital.

As camadas interligadas sugerem uma visão holística e integrada, na qual os aspectos intangíveis são tão cruciais quanto os avanços tecnológicos tangíveis e o sucesso na implementação de tecnologias é acelerado pelo uso eficiente de metodologias comprovadas e pela colaboração com parceiros estratégicos.

Esta estrutura é projetada para ser dinâmica e adaptável às necessidades individuais de cada organização, permitindo ajustes conforme necessário para alinhar a estratégia de TI com os objetivos corporativos mais amplos e as tendências do mercado.

É um guia estratégico abrangente que pode ajudar os CIOs a navegarem pela complexidade do ambiente de TI em rápida evolução e a alavancar tecnologia para o sucesso organizacional.

Os executivos de TI são munidos com um catálogo estratégico que compreende desde o aprofundamento em novas tecnologias (no contexto atual) - como *AI, ML, APIs*, Microserviços, *Cloud Computing, Edge Computing*, entre outros - até a incorporação de valores fundamentais, comportamentos e uma cultura que fomenta a inovação e a colaboração.

Este framework enfatiza que a ausência destes ingredientes pode não apenas limitar o crescimento e a evolução da Área de Tecnologia, mas pode também predispor a organização a um estado de mediocridade, o que no contexto altamente competitivo de hoje, pode ser sinônimo de fracasso.

Além disso, o CIO Codex Agenda Framework atua como um grande catálogo de tópicos em direção à transformação digital, enfatizando a necessidade de um modelo operacional que esteja em sintonia com as práticas de negócios ágeis e inovadoras.

Ele destaca a importância de aceleradores como frameworks, padrões e metodologias, além do papel crucial das firmas de consultoria e de pesquisa e assessoria, no fortalecimento da capacidade de TI de antever e responder aos desafios que surgem.

Com a utilização deste framework, espera-se que o CIO possa liderar não apenas com base em conhecimento técnico, mas também com uma perspicácia estratégica que reconheça a importância de cada tema abordado como essencial para o sucesso.

A "Agenda do CIO", portanto, se torna um instrumento vivo, um compêndio que deve ser constantemente atualizado e adaptado, garantindo que a Área de Tecnologia não apenas acompanhe, mas esteja à frente das necessidades de uma sociedade que avança rapidamente em direção à total digitalização.

O CIO Codex Agenda Framework é estruturado em quatro camadas distintas, sendo um guia compreensivo para os CIOs da atualidade, delineando a abordagem multidisciplinar necessária para liderar a função de TI de forma eficaz e inovadora.

Cada uma destas camadas é interdependente, criando um ecossistema onde a eficácia de uma reverbera e amplifica a eficácia das outras.

Juntas, elas fornecem uma estrutura que orienta os líderes de TI a executar com sucesso sua visão estratégica, garantindo que a função de TI esteja alinhada com as necessidades de negócios em constante mudança e com a trajetória de inovação do mercado.

Cada camada, com seus componentes e focos específicos, trabalha em conjunto para garantir que a Área de Tecnologia esteja alinhada com as necessidades do negócio e preparada para o futuro, sendo exploradas com mais detalhe a seguir.

Acesse o QR Code para saber mais.

https://ciocodex.com/cio-codex-framework/how-it-can-be-successful/

## Intangíveis

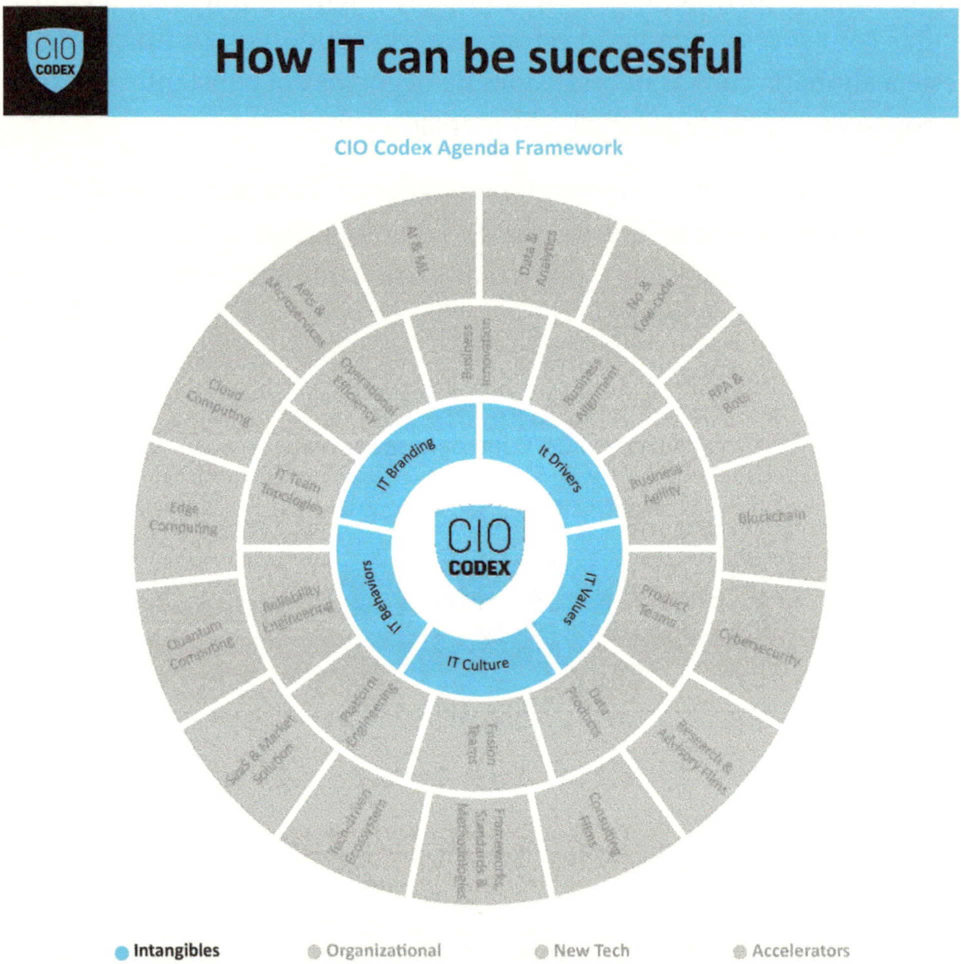


A primeira camada *Intangibles* (Intangíveis), é o núcleo do *framework* e aqui se considera a essência da liderança e da estratégia de TI, os valores, a cultura, os comportamentos e a marca.

Esta camada está intrinsecamente relacionada com a percepção e a influência que a TI exerce tanto internamente quanto no mercado.

Ela transcende o tangível e o concreto, focando em aspectos como *IT Values*, *IT Drivers*, *IT Behaviors*, *IT Branding* e *IT Culture*. Estes componentes são cruciais para moldar a direção estratégica, a cultura organizacional e as práticas de trabalho na Área de Tecnologia.

Dessa forma, ela endereça a importância de estabelecer uma cultura forte e uma visão compartilhada, vitais para inspirar e orientar as equipes de TI a alcançar a excelência.

A seguir, um breve resumo dos principais componentes desta camada, sendo que para cada um dos 5 componentes é oferecido um modelo de referência proposto pelo CIO Codex Framework no portal on-line.

A referência apresentada não possui nenhuma pretensão de ser entendida como um modelo futuro definitivo, afinal, cada organização possui o seu próprio contexto e particularidades.

O propósito aqui é apenas oferecer uma base de referência de valores, *drives*, comportamentos, aspectos de marca e cultura a serem considerados por cada área de TI que explore esses temas em sua busca pela excelência.

## *IT Values* (valores da TI)

Os valores de TI formam a espinha dorsal desta camada, representando as crenças e princípios fundamentais que guiam a conduta e as decisões na Área de Tecnologia.

Estes valores são cruciais para estabelecer um padrão ético e uma base filosófica para a TI, influenciando diretamente a cultura organizacional, as práticas de trabalho e a interação com outras partes da empresa e stakeholders externos.

Valores como integridade, inovação, responsabilidade e foco no cliente são fundamentais para criar um ambiente de TI que promova um *ethos* corporativo positivo e sustentável.

Além disso, a camada de *IT Values* ajuda a orientar a definição de *IT Drivers, Behaviors, Branding* e *Culture.*

## ***IT Drivers*** (direcionadores da TI)

Os direcionadores de TI são elementos estratégicos que norteiam a abordagem e as decisões tomadas pela Área de Tecnologia, uma vez que eles são fundamentais para garantir que as iniciativas e operações de TI estejam alinhadas com a visão geral da empresa e com as demandas do mercado.

Estes direcionadores influenciam como a TI pensa, decide e age, fornecendo um guia para a estratégia e as operações diárias da área. Eles são mais perenes do que a estratégia em si, orientando como a estratégia é definida e executada.

## ***IT Behaviors*** (comportamentos da TI)

Os comportamentos da TI referem-se aos padrões de comportamento, práticas e atitudes predominantes no departamento de TI, pois estes comportamentos influenciam a maneira como as equipes interagem entre si, com outras partes da organização e como respondem a desafios.

Comportamentos saudáveis em TI são fundamentais para promover um ambiente colaborativo, incentivando a experimentação, a aprendizagem e a adaptação.

Eles são vitais para criar uma cultura de TI resiliente, que é capaz de se adaptar rapidamente às mudanças e desafios do mercado.

## ***IT Branding*** (marca da TI)

A marca da TI diz respeito à percepção e reputação do departamento de TI dentro e fora da organização, dado que um branding forte sugere confiabilidade, inovação e competência, influenciando positivamente como os projetos e iniciativas são recebidos e apoiados tanto pela organização quanto pelo mercado.

Além disso, um *branding* eficaz é crucial na atração de talentos e na construção de parcerias externas. O *branding* de TI é um reflexo da qualidade e do impacto do trabalho realizado pela Área de Tecnologia e sua gestão eficaz é essencial para garantir o reconhecimento e o apoio às iniciativas de TI.

## ***IT Culture*** (cultura da TI)

A cultura de TI é um conjunto de valores, crenças e normas aplicados na prática, que influenciam e determinam como o trabalho é realizado no departamento de TI. Uma cultura forte e positiva pode aumentar a motivação, a eficiência e a satisfação no trabalho.

Elementos-chave da cultura de TI incluem a abertura à inovação, disposição para assumir riscos, ênfase na aprendizagem contínua e um forte senso de equipe e colaboração.

A cultura de TI é um fator determinante para o sucesso das operações e estratégias de TI. Ela define o ambiente no qual as equipes operam e inovam.

Cada um desses componentes da camada *Intangibles* desempenha um papel vital no sucesso da Área de Tecnologia, fornecendo as bases necessárias para uma operação eficaz, uma estratégia bem-sucedida e uma adaptação contínua às mudanças do mercado e da tecnologia.

Juntos, eles formam a essência da TI, influenciando todas as outras camadas do *framework* e garantindo que a Área de Tecnologia esteja pronta para enfrentar os desafios e aproveitar as oportunidades da era digital.

A camada *Intangibles* é, portanto, um elemento-chave no CIO Codex Agenda Framework, abrangendo aspectos que, embora não sejam fisicamente tangíveis, são fundamentais para o sucesso e a sustentabilidade da função de TI.

Esta camada não só estabelece a base para todas as outras áreas do *framework*, mas também garante que a TI esteja pronta para enfrentar os desafios e aproveitar as oportunidades do futuro.

Ela representa o coração da função de TI, influenciando a maneira como a tecnologia é percebida, operada e integrada no contexto mais amplo da organização e do mercado.

Acesse o QR Code para saber mais.

https://ciocodex.com/cio-codex-framework/intangibles/

## Organizacional

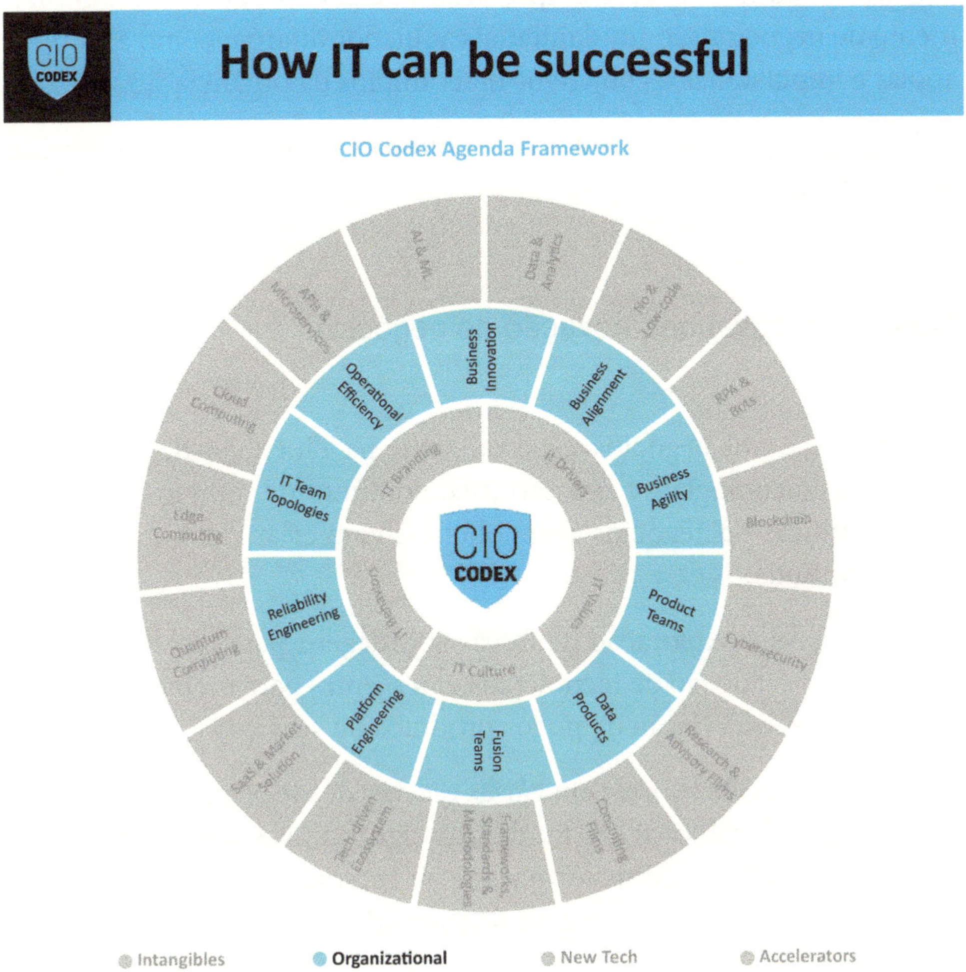


A segunda camada, *Organizational* (Organizacional), conecta os intangíveis à realidade prática do dia a dia, especificamente no âmbito do *IT Operating Model.*

Ela é fundamental para transformar as capacidades tecnológicas em resultados efetivos de negócios, incluindo a orquestração dos processos, alinhamento organizacional e governança e contempla tendências como *Business Innovation, Business Alignment, Business Agility*, entre outras.

Este nível se aprofunda nas estratégias organizacionais que definem como a TI se alinha e interage com outras funções empresariais.

Questões como inovação empresarial, eficiência operacional e alinhamento de negócios são fundamentais aqui, por ditarem como a TI pode apoiar e impulsionar os objetivos mais amplos da organização.

A seguir é apresentado um breve resumo dos principais componentes dessa camada:

## ***Business Innovation*** (inovação do negócio)

A inovação nos negócios, especialmente na TI, é mais do que adotar as últimas tecnologias, é um processo contínuo de reimaginar e reinventar práticas de negócios e tecnológicas para criar valor adicional de forma contínua.

Isto envolve a exploração de novas abordagens para resolver problemas antigos, a adoção de tecnologias emergentes para melhorar processos existentes e a criação de novos produtos ou serviços.

A inovação pode ocorrer em várias escalas, desde pequenas melhorias incrementais (evolução) até mudanças significativas que transformam práticas de negócios (transformação) ou mesmo disruptivas, que alteram fundamentalmente as regras do mercado.

A inovação de negócios em TI exige uma cultura que valoriza a criatividade, a experimentação e a tomada de riscos calculados.

## ***Business Alignment*** (alinhamento com o negócio)

O alinhamento de negócios destaca a necessidade de sincronizar estritamente as operações e estratégias de TI com os objetivos gerais da empresa.

A TI deve ir além do suporte técnico, ela deve ser uma parceira estratégica que compreende profundamente as metas de negócios e contribui ativamente para alcançá-las.

Isto significa envolvimento ativo da TI em discussões estratégicas, garantindo que as soluções tecnológicas sejam desenvolvidas e implementadas com uma compreensão clara de como elas suportam e impulsionam o negócio.

Este alinhamento requer uma comunicação eficaz e colaboração entre a TI e outras áreas de negócio, garantindo que a tecnologia seja usada eficazmente para atingir objetivos comuns.

## ***Business Agility*** (agilidade do negócio)

A agilidade de negócios representa a capacidade de uma organização de responder rapidamente às mudanças no mercado, adaptar-se às demandas emergentes dos clientes e aproveitar novas oportunidades de maneira eficiente.

A agilidade de negócios vai além das metodologias ágeis. Ela engloba uma mentalidade organizacional que prioriza a adaptabilidade, o aprendizado contínuo e a melhoria iterativa em todos os níveis da organização.

Isto inclui processos decisórios mais rápidos, ciclos de desenvolvimento mais curtos e uma maior tolerância ao risco e ao fracasso como parte do processo de aprendizado.

## ***Product Teams*** (times de produtos)

A abordagem de equipes orientadas a produtos é uma mudança significativa na maneira como as equipes de TI e negócios são organizadas.

Em vez de trabalhar em projetos isolados ou funções departamentais, as equipes são formadas em torno de produtos específicos ou serviços.

Esta estruturação incentiva uma maior responsabilidade, foco no cliente e alinhamento para negócios, além da colaboração e comunicação entre os membros do time.

As equipes de produtos são multifuncionais, incluindo membros com diversas habilidades necessárias para desenvolver, manter e otimizar um produto ao longo de seu ciclo de vida. Isto promove uma maior colaboração, inovação e um entendimento mais profundo das necessidades do cliente.

## ***Data Products*** (produtos de dados)

Com a ascensão da economia de dados, a tendência de *Data Products* reconhece a importância estratégica dos dados como um ativo central.

Esta abordagem trata os dados não apenas como um recurso a ser gerido, mas como produtos que podem ser cultivados, melhorados e utilizados para gerar valor significativo.

Isto envolve a coleta, análise e interpretação de dados para informar decisões, impulsionar a inovação e personalizar serviços.

Um *Data Product* pode ser uma ferramenta analítica, um conjunto de dados enriquecidos ou mesmo uma plataforma de *insights* que oferece valor tanto internamente quanto externamente.

Esta tendência sublinha a necessidade de uma governança de dados robusta, habilidades analíticas avançadas e uma cultura que valoriza dados como um recurso estratégico.

## ***Fusion Teams*** (times fusionados)

Esta tendência destaca a integração entre as equipes de TI e outras funções de negócios, visando uma colaboração mais estreita e eficiente.

Em *Fusion Teams*, a linha entre tecnologia e negócio se torna tênue, promovendo uma abordagem mais integrada e holística.

O objetivo é criar equipes que compreendam profundamente tanto as necessidades tecnológicas quanto os objetivos de negócio, permitindo uma resposta mais rápida e eficaz às demandas do mercado e um melhor alinhamento estratégico.

A principal diferença entre *Product Teams* e *Fusion Teams* está no seu propósito e na composição dos times.

Os *Product Teams* são equipes multidisciplinares focadas no ciclo de vida de um produto específico, desde a concepção até a manutenção, garantindo alinhamento constante com as necessidades dos clientes e objetivos de negócios.

Por sua vez, os *Fusion Teams* têm como principal propósito abordar desafios mais complexos e estratégicos (usualmente numa abordagem e transformação digital) que ultrapassam o escopo de um produto individual, assim integrando um espectro mais amplo de *expertises* com membros de diversas áreas da organização, como TI, operações e negócios.

## ***Platform Engineering*** (engenharia de plataforma)

Esta tendência foca no desenvolvimento de plataformas tecnológicas robustas, cruciais para suportar operações contínuas e inovação na empresa.

A engenharia de plataforma envolve a criação de soluções tecnológicas que são, ao mesmo tempo, flexíveis e escaláveis, capazes de suportar uma gama diversificada de produtos e serviços, assim como a adoção de conceitos como *DevSecOps* e *CI/CD*.

Isto implica em uma infraestrutura que pode se adaptar rapidamente às novas demandas e às oportunidades de negócio, mantendo a eficiência e a competitividade da empresa.

## ***Reliability Engineering*** (engenharia de confiabilidade)

Esta tendência se foca na importância de criar sistemas e soluções de TI confiáveis e estáveis.

As práticas de engenharia de confiabilidade são essenciais para garantir a continuidade dos negócios, abrangendo aspectos como alta disponibilidade, desempenho e segurança dos sistemas.

Esta abordagem envolve o desenvolvimento de sistemas projetados para serem resilientes às falhas e aos ataques, garantindo assim a confiabilidade e a confiança nos serviços de TI.

## ***Team Topologies*** (topologia de times)

A Topologia de Times é uma abordagem inovadora para a organização de equipes de TI que visa otimizar a colaboração, a entrega de *software* e a criação de valor de negócio.

Inspirada em padrões contemporâneos de ciência cognitiva e comportamento organizacional, esta metodologia destaca a importância da interação humana e das limitações cognitivas na formação de equipes e na definição de suas interações.

Enquanto as suas características, a estruturação de equipes segundo as *Team Topologies* envolve a consideração de quatro tipos fundamentais de equipes:

- **Equipes de Funcionalidades** *(Stream-aligned teams):* focadas em entregar fluxos contínuos de valor relacionados a um segmento específico do produto ou serviço, estas equipes são multidisciplinares e orientadas para atender as necessidades do cliente com rapidez e eficiência.

- **Equipes Habilitadoras** *(Enabling teams):* providenciam assistência e conhecimentos especializados às equipes de funcionalidade, ajudando-as a superar obstáculos técnicos ou de conhecimento para poderem continuar entregando valor sem interrupções.

- **Equipes de Subsistemas Complexos** *(Complicated-subsystem teams):* especializadas em áreas técnicas complexas que requerem um alto nível de conhecimento especializado, como, por exemplo, processamento de dados ou algoritmos complexos.

- **Equipes de Plataformas** *(Platform teams):* desenvolvem e mantêm plataformas que servem como fundamentos para outras equipes construírem e entregarem seus produtos de maneira mais eficiente.

Esta abordagem reconhece que a eficiência não vem apenas da estrutura das equipes e seu foco de *expertise* e atuação, mas também de como elas interagem entre si.

## ***Operational Efficiency*** (eficiência operacional)

A eficiência operacional em TI é sobre otimizar processos para reduzir desperdícios e aumentar a produtividade.

Esta tendência impulsiona a TI a operar de forma mais enxuta e eficaz, utilizando recursos de maneira otimizada.

Envolve uma revisão contínua dos processos, a adoção de tecnologias para melhorar a eficiência e a implementação de práticas que assegurem a entrega ágil e de alta qualidade dos serviços de TI, contribuindo para a melhoria contínua e sustentabilidade da organização.

Acesse o QR Code para saber mais.

https://ciocodex.com/cio-codex-framework/organizational/

## Novas Tecnologias

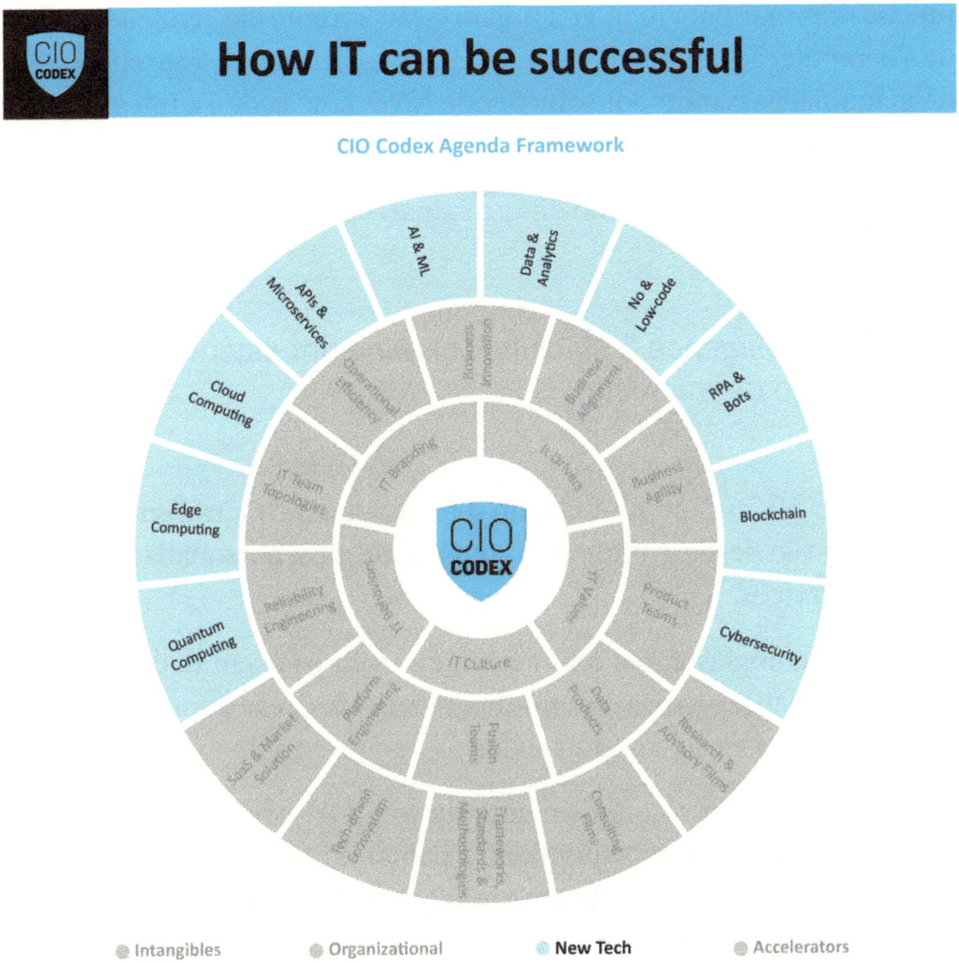


Avançando para a terceira camada, *New Tech* (Novas Tecnologias), são exploradas as tecnologias emergentes e disruptivas que a TI deve adotar e adaptar.

Concentra-se nas tecnologias emergentes que estão moldando o cenário tecnológico, abrangendo áreas como *Artificial Intelligence & Machine Learning* (Inteligências Artificial & Aprendizado de Máquina),

*Data & Analytics* (Dados & Análises), *Blockchain, APIs & Microservices* (APIs & Microsserviços), *Cloud Computing* (Computação na Nuvem) e outras, refletindo a necessidade de estar atualizado com as últimas tendências tecnológicas.

Dessa forma, esta camada foca nas ferramentas e tecnologias que a TI precisa dominar para manter a organização à frente das tendências, desde a computação em nuvem até a inteligência artificial e a aprendizagem de máquina, passando por soluções de *No & Low-code* e a integração de *RPA* e *Bots*.

A seguir, um breve resumo dos principais componentes desta camada:

## ***Artificial Intelligence & Machine Learning*** (inteligência artificial & aprendizado de máquina)

A *AI* e o *ML* estão remodelando o panorama da TI, trazendo capacidades que vão desde a automação inteligente até a personalização avançada de serviços.

Estas tecnologias aprendem e evoluem com base em dados, proporcionando análises preditivas fundamentais em áreas como reconhecimento de voz e visão computacional.

Por exemplo, em reconhecimento de voz, a *AI* e o *ML* permitem que máquinas entendam e respondam a comandos de voz humanos com precisão crescente, enquanto em visão computacional, estas tecnologias permitem que sistemas interpretem e reajam a imagens e vídeos de maneira semelhante aos seres humanos.

A tomada de decisão baseada em dados, impulsionada por *AI* e *ML*, está se tornando cada vez mais crítica, permitindo que organizações antecipem tendências, otimizem processos e criem experiências de usuário personalizadas.

Não se pode deixar de citar o conceito de *Generative AI*, que também se enquadra dentro desta categoria tecnológica de *AI* e está transformando os paradigmas de diversas indústrias.

A *Generative AI* ou Inteligência Artificial Generativa, refere-se a sistemas de inteligência artificial que podem criar novos conteúdos, como textos, imagens, música e muito mais, a partir de dados existentes.

Utilizando técnicas avançadas como redes neurais profundas e modelos de aprendizado de máquina, a GenAI consegue gerar resultados inovadores que antes dependiam exclusivamente da criatividade humana.

Esta tecnologia está revolucionando os negócios ao possibilitar automação avançada, personalização em escala e a criação de novos produtos e serviços, impulsionando a eficiência e abrindo novas oportunidades de mercado.

## ***Data & Analytics*** (Dados & Análises)

Esta área é a espinha dorsal para a tomada de decisão baseada em dados nas organizações modernas.

Inclui desde a coleta até a análise avançada de grandes volumes de dados, como nas soluções de *Big Data*, permitindo que as empresas extraiam *insights* valiosos para informar suas estratégias de negócios.

Com o aumento exponencial da quantidade de dados disponíveis, a capacidade de processar e analisar estes dados de maneira eficiente torna-se crucial. Isto vai desde entender o comportamento do cliente até otimizar as operações internas.

As ferramentas de *Data & Analytics* permitem que as empresas identifiquem padrões, prevejam tendências e tomem decisões mais informadas, levando a uma vantagem competitiva significativa.

## ***APIs & Microservices*** (APIs & Microsserviços)

*APIs* (*Application Programming Interfaces*) e *Microservices* são tendências cruciais na camada New Tech do CIO Codex Agenda Framework.

As *APIs* permitem a interconexão e a comunicação entre diferentes sistemas e plataformas de *software*, facilitando a integração e o compartilhamento de dados entre aplicações distintas, sendo fundamentais para a criação de ecossistemas digitais coesos e eficientes.

Os *Microservices*, por outro lado, representam uma abordagem arquitetônica na qual uma aplicação é estruturada como uma coleção de serviços pequenos e independentes.

Cada microsserviço é responsável por executar um processo de negócio específico e pode ser desenvolvido, implantado e escalado de maneira independente.

Esta é uma grande evolução quando comparada ao paradigma dos famosos monólitos que dominaram a arquitetura de sistemas ao longo de muitos anos, evolução essa que trouxe enormes ganhos de observabilidade, desempenho e facilidade de manutenção.

Esta abordagem oferece maior flexibilidade e agilidade no desenvolvimento e manutenção de *softwares*, permitindo que as empresas respondam mais rapidamente às mudanças de mercado e às necessidades dos clientes.

Juntos, *APIs* e *Microservices* estão na vanguarda da facilitação de arquiteturas de TI mais ágeis, escaláveis e resilientes.

## *No & Low-code*

As plataformas *No & Low-code* democratizam o desenvolvimento de *software*, permitindo que pessoas sem conhecimento profundo em programação criem e implementem aplicativos.

Isto acelera significativamente a transformação digital, ao reduzir a dependência de recursos de desenvolvimento especializados e permite uma resposta mais rápida às necessidades de negócios em constante mudança.

Estas plataformas tornam a inovação tecnológica mais acessível e flexível, permitindo que mais membros da organização contribuam para o desenvolvimento de soluções digitais.

Isto resulta em um ciclo de inovação mais rápido e um alinhamento mais estreito entre as necessidades do negócio e as soluções de TI.

Por conta de acelerar e facilitar o desenvolvimento, permitem também uma aceleração dos conceitos de *Product Teams* e *Fusion Teams* abordados em outro tópico, além de ajudar a amenizar o drama do mercado pela busca de talentos e profissionais de desenvolvimento de sistemas.

## *RPA & Bots*

A Automação Robótica de Processos (*RPA*) e os *bots* representam um avanço significativo na automação.

A *RPA* é eficaz na automação de tarefas repetitivas e baseadas em regras, liberando a força de trabalho humana para tarefas mais complexas e criativas.

Por outro lado, os *bots*, incluindo *chatbots*, são utilizados para interações automatizadas com usuários, oferecendo serviços como suporte ao cliente e assistência automatizada.

Esta combinação de *RPA* e *bots* está transformando a eficiência operacional, reduzindo erros, aumentando a produtividade e melhorando a experiência do cliente.

## *Blockchain*

Conhecida principalmente por seu papel nas criptomoedas, a *Blockchain* é uma tecnologia de registro distribuído que oferece segurança, transparência e descentralização.

Suas aplicações vão além das finanças, incluindo contratos inteligentes e gerenciamento de cadeias de suprimentos.

A *Blockchain* assegura a integridade dos dados e a confiabilidade das transações, criando um registro imutável e auditável.

Esta tecnologia está pavimentando o caminho para uma nova era de transações digitais seguras, abrindo novas possibilidades em diversas indústrias, desde o setor financeiro até a logística e além.

No conceito da *Blockchain* se insere os *NFTs* (*Non-Fungible Token*), o qual tem aberto múltiplas possibilidades em diversas indústrias.

Os *NFTs* representam ativos digitais únicos, cuja autenticidade e propriedade são verificadas e registradas em uma *blockchain*, proporcionando uma nova dimensão de valor e segurança para itens digitais.

Esta inovação tem impactado setores como arte, entretenimento, moda, imóveis, financeiro e educação, permitindo a criação, comercialização e troca de ativos digitais de maneira segura e transparente.

## ***Cloud Computing*** (computação na nuvem)

A computação em nuvem transformou radicalmente o armazenamento e processamento de dados, oferecendo uma escalabilidade sem precedentes e flexibilidade para as organizações.

Ela permite que as empresas acessem recursos avançados de TI sem a necessidade de manter uma infraestrutura física extensiva, reduzindo significativamente os custos e aumentando a eficiência operacional, além da sua velocidade em escalar de forma elástica a sua capacidade de processamento.

A nuvem facilita a colaboração, o armazenamento seguro de dados e a mobilidade, permitindo que as empresas sejam mais ágeis e inovadoras.

Com soluções que variam de infraestrutura como serviço (*IaaS*) a plataformas como serviço (PaaS) e *software* como serviço (*SaaS*), a computação em nuvem tornou-se um componente crítico da infraestrutura de TI moderna.

## ***Edge Computing*** (computação na borda)

Com a explosão da Internet das Coisas (IoT) e a crescente demanda por processamento de dados em tempo real, a computação de borda ganhou importância.

Esta tecnologia envolve processar dados mais próximo de onde são gerados (na "borda" da rede), em vez de em um *data center* centralizado. Isto reduz a latência, melhora a eficiência e permite análises e respostas em tempo real em dispositivos de IoT.

A computação de borda é particularmente relevante para aplicações que requerem processamento rápido e local, como sistemas de veículos autônomos e monitoramento inteligente de infraestrutura.

## ***Quantum Computing*** (computação quântica)

A computação quântica é uma das áreas mais promissoras e revolucionárias da tecnologia atual.

Utilizando princípios da mecânica quântica, ela tem o potencial de realizar cálculos a velocidades e complexidades inatingíveis para os computadores convencionais.

Esta tecnologia pode revolucionar áreas como criptografia, desenvolvimento de novos materiais, otimização de problemas complexos e pesquisa farmacêutica.

Embora ainda esteja em seus estágios iniciais, a computação quântica promete ser um divisor de águas no campo da computação e da resolução de problemas complexos.

## ***Cybersecurity*** (cibersegurança)

Com o aumento da digitalização e a dependência crescente de sistemas conectados, a cibersegurança tornou-se uma preocupação primordial para as organizações.

Ela envolve proteger sistemas, redes e programas contra-ataques digitais, assegurando a integridade, confidencialidade e disponibilidade de informações.

A cibersegurança é crucial para prevenir acessos não autorizados, ataques cibernéticos e vazamentos de dados, garantindo a confiança dos usuários e a continuidade dos negócios.

Com a evolução contínua das ameaças cibernéticas, a cibersegurança permanece uma área de foco intensivo e inovação constante.

É uma peça-chave na tecnologia de qualquer empresa, o que se reflete tanto aqui na lista de temas que merecem estar na agenda de TI quanto na forma como a TI é organizada, ou como será visto mais adiante, no universo de competências requeridas por TI.

Acesse o QR Code para saber mais

https://ciocodex.com/cio-codex-framework/new-tech/

## Aceleradores

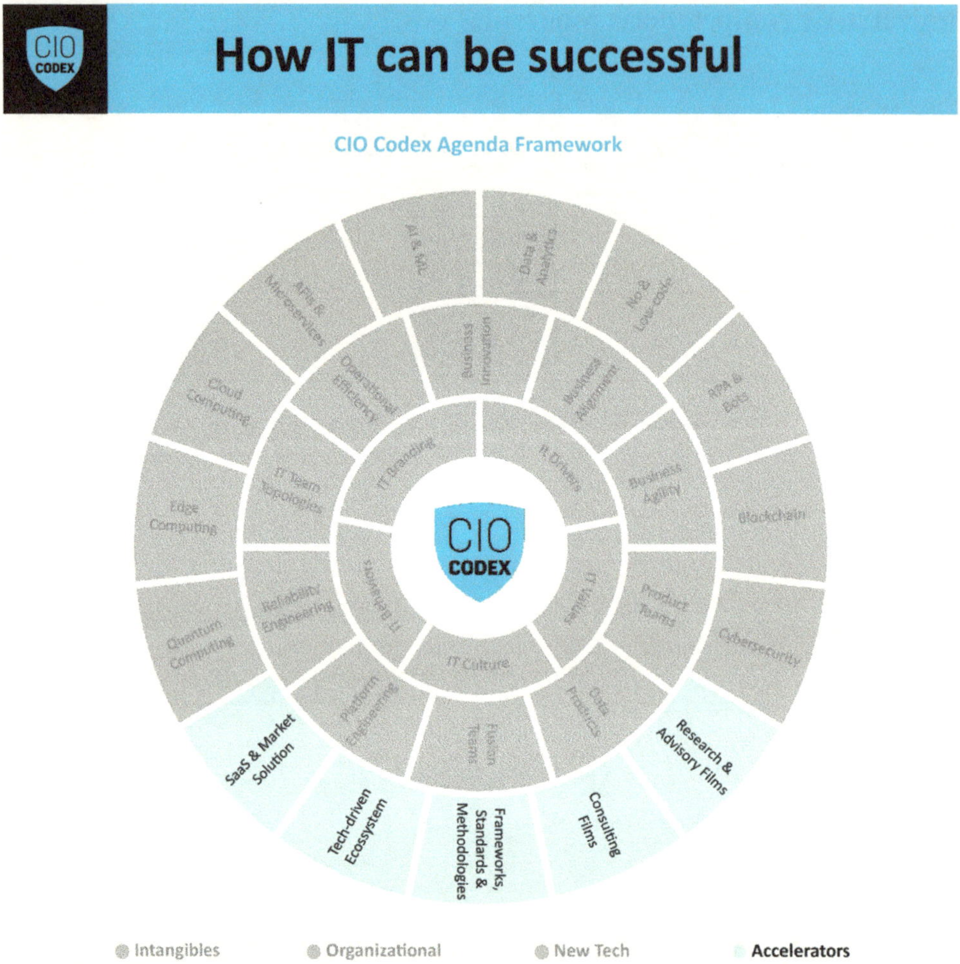


Por fim, a camada *Accelerators* (Aceleradores) se concentra nos mecanismos e práticas que aceleram a capacidade da TI de responder às demandas e executar sua estratégia.

Este é o domínio dos *frameworks*, padrões e metodologias que orientam a entrega rápida e eficaz de soluções de TI, além do papel essencial desempenhado pelas firmas de consultoria e instituições de pesquisa e assessoria.

Dessa forma, esta camada foca nos aceleradores que permitem a TI fazer mais com menos, economizando recursos e tempo.

Inclui a adoção de *frameworks*, padrões e metodologias reconhecidas, a integração em ecossistemas *tech-driven*, a colaboração com firmas de consultoria e pesquisa em tecnologia, além da implementação de soluções *SaaS* e soluções de mercado com foco no *time-to-market*.

A seguir, um breve resumo dos principais componentes dessa camada:

### ***Frameworks, Standards & Methodologies*** (frameworks, padrões e metodologias)

Esta categoria abrange a adoção de estruturas organizacionais, padrões e metodologias amplamente reconhecidas e bem estabelecidas no mercado.

Estes instrumentos oferecem diretrizes claras para a gestão e execução eficaz de projetos de TI.

Por exemplo, o *Cobit* foca na governança de TI, estabelecendo um modelo de controle que ajuda as organizações a alinharem suas estratégias de TI com os seus objetivos empresariais.

Por outro lado, o *ITIL* oferece um conjunto de práticas para a gestão de serviços de TI, visando a melhoria contínua da qualidade e eficiência dos serviços prestados.

Abordagens ágeis em escala como o *SAFe* e as boas práticas do *PMI* são cruciais para a gestão de projetos, promovendo flexibilidade, colaboração e entrega rápida de valor.

Estes *frameworks* e metodologias reduzem a curva de aprendizado, minimizam riscos e fornecem estruturas comprovadas para alcançar a eficiência e eficácia operacional, essenciais para a evolução contínua na Área de Tecnologia.

## ***Tech-driven Ecosystem*** (ecossistema orientado à tecnologia)

A integração ativa em ecossistemas de tecnologia, como *fintechs*, *insurtechs*, *healthtechs*, *lawtechs* e demais "*techs*", representa uma fonte valiosa de inovação e disrupção.

Estas comunidades são incubadoras de novas ideias e tecnologias, onde a experimentação e o desenvolvimento acontecem em ritmo acelerado.

Ao se engajar com estes ecossistemas, as empresas podem se beneficiar de *insights* inovadores, colaborações estratégicas e oportunidades de co-inovação.

Isto permite a rápida adoção de novas tecnologias e conceitos, facilitando a implementação ágil de soluções inovadoras e mantendo as empresas na vanguarda da transformação tecnológica.

## ***Consulting Firms*** (empresas de consultoria)

As empresas de consultoria desempenham um papel vital na navegação por complexidades tecnológicas e na implementação de melhores práticas.

Com uma gama de especializações e recursos, incluindo profissionais altamente qualificados e ferramentas avançadas, as consultorias podem fornecer *insights* valiosos e *expertise* em áreas onde a empresa pode não ter conhecimento interno profundo.

Elas facilitam transformações tecnológicas, integrações de sistemas e otimização de processos, além de desempenharem um papel crucial no treinamento de equipes internas, assegurando que os conhecimentos e habilidades mais recentes sejam adequadamente incorporados na organização.

## ***Research & Advisory Firms*** (empresas de pesquisa e aconselhamento)

As empresas deste setor fornecem um repositório vasto de pesquisas, análises de mercado e consultoria estratégica.

Elas são fundamentais para compreender as tendências emergentes, avaliar tecnologias e fornecedores, e obter recomendações estratégicas baseadas em dados e análises aprofundadas.

Elas auxiliam as empresas a identificarem oportunidades e riscos, a orientar investimentos tecnológicos e a formular estratégias alinhadas com as tendências do mercado.

Seu conhecimento especializado e dados abrangentes são essenciais para antecipar mudanças no mercado e posicionar as empresas para o sucesso futuro.

## ***SaaS & Market Solutions*** (software como serviço & soluções de mercado)

A implementação de soluções de mercado e Software-as-a-Service (*SaaS*) oferece uma maneira eficiente de acessar tecnologias avançadas sem o ônus do desenvolvimento interno.

As soluções *off-the-shelf* e as plataformas *SaaS* proporcionam flexibilidade, escalabilidade e atualizações contínuas, permitindo às empresas se concentrarem em suas competências essenciais.

Estas soluções evitam o alto custo e a complexidade associados ao desenvolvimento e à manutenção de soluções personalizadas, proporcionando uma abordagem mais econômica e flexível para a gestão de *software*.

A natureza baseada em assinatura do *SaaS* oferece o benefício adicional de acesso constante às inovações e às melhorias, permitindo às organizações se manterem atualizadas com as últimas tendências tecnológicas.

Acesse o QR Code para saber mais.

https://ciocodex.com/cio-codex-framework/accelerators/

CAPÍTULO 6

# O que uma TI precisa para estar pronta para o futuro

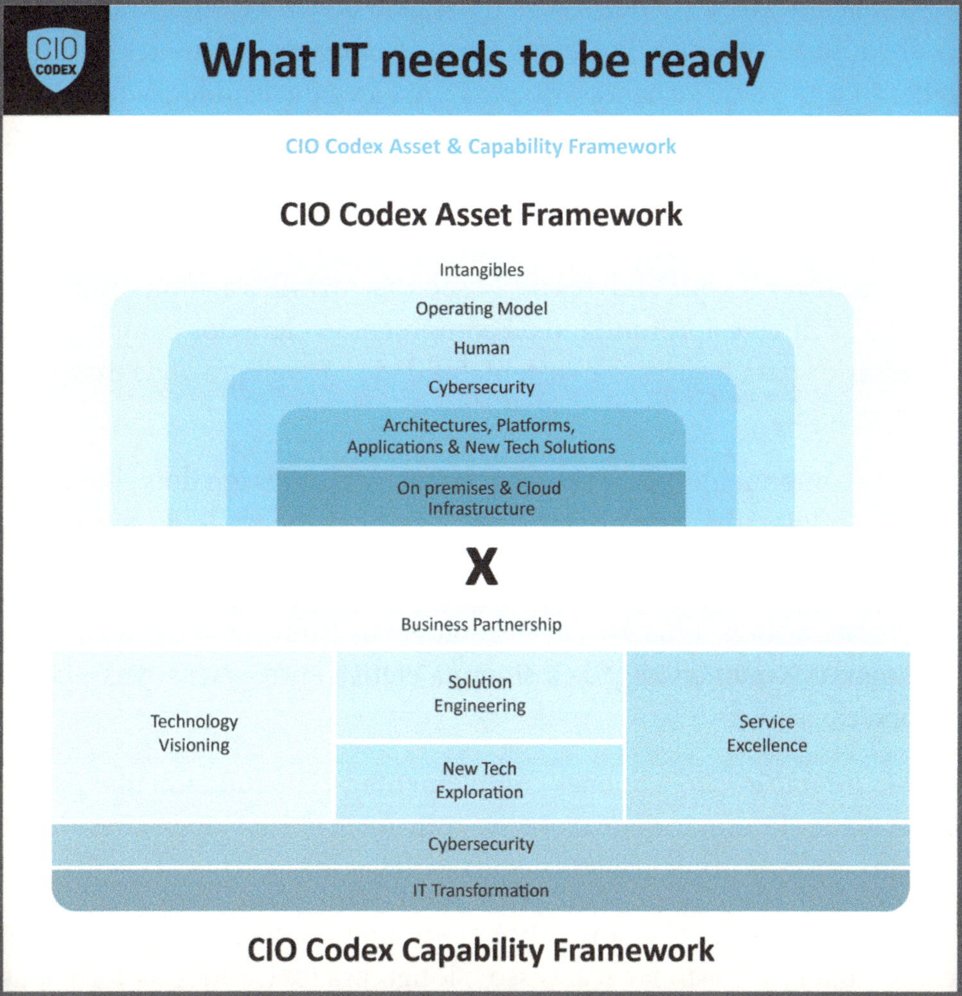

Em uma era marcada por mudanças exponenciais, a prontidão para o futuro é uma aspiração compartilhada pelas áreas de Tecnologia da Informação naquelas organizações que se destacam por serem visionárias.

Se mostra, então, necessário definir adequadamente o que significa estar pronto para o futuro na perspectiva de uma área de tecnologia.

Neste contexto, o "O que" fecha o paralelo do CIO Codex Framework em relação ao conceito do *Golden Circle*. Isto orienta os líderes de TI na reflexão sobre o que é necessário para uma área de tecnologia que almeja a excelência operacional, a inovação e a alavancagem estratégica para inspirar e guiar toda a organização rumo a um futuro (quiçá presente) diretamente interligado e suportado pela realidade digital.

Ao focar no "O que", líderes de TI são incentivados a adotar um pensamento crítico e aprofundado da compreensão clara dos componentes necessários para o sucesso e sustentabilidade a longo prazo de uma área de tecnologia.

Estes componentes são, em essência, categorizados em dois elementos fundamentais: ativos e competências, tal e qual abordado na conceituação do que compõe uma empresa.

A preparação de uma área de Tecnologia da Informação para o futuro está inextricavelmente ligada à sinergia efetiva entre seus ativos e competências.

Esta interação não é apenas complementar, ela é fundamental para a capacidade de uma organização de transformar suas operações de TI em um vetor de mudança estratégica e inovação.

É reconhecido que os ativos por si só, embora essenciais, são insuficientes para impulsionar o sucesso a longo prazo. Da mesma forma, as competências sem uma base sólida de ativos são incapazes de alcançar seu potencial máximo.

Portanto, é enfatizado que a verdadeira eficácia em TI é obtida quando as propriedades perenes dos ativos são potencializadas pelas competências estratégicas e operacionais.

É muito importante considerar que a sinergia entre ativos e competências é alcançada por uma orquestração cuidadosa, na qual os ativos são não apenas mantidos e gerenciados, mas também continuamente aprimorados pelas competências em evolução.

Esta orquestração entre ativos e competências é o que permite uma Área de Tecnologia navegar eficientemente pelo complexo ecossistema tecnológico, onde a mudança é a única constante, se adaptando e respondendo proativamente aos desafios que surgem a todo momento.

Este conteúdo introdutório é o prelúdio de uma análise profunda que se desdobrará nos conteúdos seguintes.

Neles é detalhada cada camada de ativos e competências, examinando como eles interagem e se reforçam mutuamente e delineando estratégias para cultivar e alavancar esses elementos essenciais.

Com um olhar crítico para além das soluções de mercado de curta vida, é dado destaque para as características perenes dos ativos e na capacidade distintiva das competências.

É possível concluir, portanto, que uma TI pronta para o futuro é aquela que possui uma compreensão integrada de seus ativos e competências, equipada para aplicar essa compreensão em um ambiente de negócios constantemente evoluindo.

Assim, a Área de Tecnologia transcende sua função tradicional e se torna um vetor chave para a inovação, competitividade e sucesso a longo prazo.

Este conteúdo define o estágio para uma jornada transformacional, rumo a uma TI não só pronta para o futuro, mas que efetivamente molda o futuro a partir do seu entendimento claro daquilo que é essencial para o sucesso.

Relembrando que sucesso pode ser definido como atingir os objetivos da organização. O que mais uma vez reforça o próprio conceito de que a área de tecnologia é chave para suportar as organizações a alcançarem suas diretrizes de objetivos, metas e ambições, tal e qual apontado na Pirâmide de Diretrizes Corporativas.

Acesse o QR Code para saber mais.

https://ciocodex.com/cio-codex-framework/what-it-needs-to-be-ready/

## Ativos de TI

Dentre os diversos aspectos centrais de uma área de Tecnologia da Informação que se antecipa aos desafios de um amanhã em constante evolução, destacam-se os *IT Assets* (Ativos de TI).

São eles que constituem a infraestrutura operacional e estratégica, permitindo a funcionalidade, a inovação e a continuidade dos serviços de TI.

No contexto do CIO Codex Asset Framework, a compreensão dos ativos de uma área de tecnologia é fundamental para o sucesso e a sustentabilidade de qualquer organização moderna.

Estes ativos, constituindo a infraestrutura crítica, não apenas suportam as operações do dia a dia, mas também servem como alicerces para inovação e crescimento estratégico.

A natureza destes ativos varia amplamente, estendendo-se desde elementos físicos e tangíveis até componentes mais abstratos e intangíveis, de forma que os ativos de tecnologia abrangem um espectro vasto e diversificado.

No extremo tangível, encontramos *hardware*, dispositivos físicos, infraestrutura de rede e componentes de *data center*. Estes são os elementos mais palpáveis, que formam a base física sobre a qual as operações de TI são construídas.

Já no outro extremo, o intangível, estão aspectos como cultura, comportamentos e o próprio *branding* de tecnologia.

No meio do caminho estão incluídos *software*, sistemas operacionais, aplicações, bases de dados, conhecimentos especializados, habilidades humanas e o modelo operacional e seus diversos componentes. Esses elementos, embora menos tangíveis, são igualmente cruciais para o funcionamento eficaz e eficiente de qualquer departamento de TI.

Juntos, estes componentes tangíveis e intangíveis compõem um ecossistema integrado que possibilita a execução de operações empresariais, a segurança da informação e a inovação tecnológica.

Para gerir e entender melhor estes ativos, se mostra muito adequada uma organização em camadas, que parte do mais tangível para o mais intangível.

Esta abordagem estratificada não só facilita a visualização e compreensão da complexidade inerente aos ativos de TI, mas também permite uma análise mais sistemática das inter-relações e dependências entre os diferentes tipos de ativos.

Cada camada deste modelo é na sequência explicada e caracterizada por um conjunto de propriedades e características principais, ao invés de exemplos específicos ou nomes de produtos de mercado.

Esta escolha é baseada na natureza mais perene destas propriedades, sob a perspectiva de objetivos, em contraste com a rápida evolução dos produtos e tecnologias específicas.

Ao focar nessas características essenciais e duradouras de cada camada, obtém-se um entendimento mais estável e profundo dos ativos de tecnologia.

Isto se traduz em uma base mais sólida para a tomada de decisões estratégicas, planejamento e implementação de iniciativas de TI, servindo como uma ferramenta vital para os líderes de TI, permitindo-lhes gerenciar eficazmente os recursos tecnológicos, assegurar a segurança da informação e impulsionar a inovação contínua

Este modelo estratificado oferece uma perspectiva integrada e abrangente dos ativos de tecnologia, essencial para a elaboração de estratégias de TI alinhadas para negócios da organização:

## **On-Premises & Cloud Infrastructure** (Infraestrutura Local & Na Nuvem)

Esta camada forma a base fundamental do *framework*, abrangendo toda a infraestrutura física e virtual necessária para operações de TI. Inclui servidores, armazenamento, redes, centros de dados e soluções de nuvem.

A infraestrutura on-premises e em nuvem é crucial para suportar todas as aplicações e serviços de TI, oferecendo escalabilidade, flexibilidade e segurança.

Na sequência são explorados os atributos essenciais que definem e influenciam a eficácia desta camada crucial no ecossistema de TI, que enquanto propriedades, são fundamentais para garantir que a infraestrutura de TI seja robusta, flexível e capaz de apoiar as necessidades de um negócio dinâmico e em evolução.

A compreensão detalhada destes aspectos é vital para o planejamento, implementação e gestão eficazes de uma infraestrutura de TI que não apenas atenda às necessidades atuais da organização, mas também esteja preparada para futuras expansões e inovações:

- ***Scalability*** (Escalabilidade): refere-se à capacidade da infraestrutura de se ajustar e crescer para atender às demandas crescentes.
- ***Elasticity*** (Elasticidade): a capacidade de expandir ou reduzir recursos de forma dinâmica e, muitas vezes, automática, para atender às necessidades variáveis de carga de trabalho.
- ***Recoverability*** (Recuperabilidade): é a habilidade de restaurar rapidamente operações e dados após falhas ou desastres, minimizando o tempo de inatividade e a perda de dados.
- ***Portability*** (Portabilidade): refere-se à facilidade com que as aplicações e dados podem ser movidos entre diferentes ambientes de nuvem e/ou on-premises.
- ***Operability*** (Operacionalidade): abrange a facilidade com que a infraestrutura pode ser gerenciada e mantida.
- ***Monitorability*** (Monitorabilidade): trata-se da facilidade para identificar e resolver rapidamente problemas, garantir o desempenho e a segurança, e informar decisões estratégicas.

## **Architectures, Platforms, Applications & New Tech Solutions** (arquiteturas, plataformas, aplicações & soluções de novas tecnologias)

Esta camada está diretamente acima da infraestrutura e trata da construção e operacionalização das soluções tecnológicas, envolvendo o *design* e a implementação de arquiteturas de TI, o desenvolvimento e a gestão de plataformas e aplicações, além da incorporação de novas tecnologias.

É fundamental para garantir que as soluções de TI sejam funcionais, utilizáveis e alinhadas com as necessidades do negócio.

Na sequência são destacados os objetivos, enquanto propriedades, que definem a eficiência e a eficácia desta camada fundamental no ecossistema de tecnologia.

Estas características e propriedades são vitais para garantir que as arquiteturas, plataformas, aplicações e soluções de tecnologia sejam não apenas eficientes e eficazes, mas também adaptáveis e sustentáveis a longo prazo.

Elas formam a base sobre a qual operações de TI avançadas podem ser construídas e gerenciadas, desempenhando um papel crucial na realização dos objetivos estratégicos de uma organização:

***Functionality*** (funcionalidade): é a medida em que uma solução tecnológica atende às necessidades específicas dos usuários e do negócio.

- ***Usability*** (usabilidade): se refere à facilidade de uso e à experiência do usuário ao interagir com sistemas e aplicações.

- ***Automaticity*** (automaticidade): descreve a habilidade de automatizar processos e operações.

- ***Availability*** (disponibilidade): e a garantia de que sistemas e aplicações estão operacionais e acessíveis quando necessário.

- ***Performance*** (desempenho): está relacionado à rapidez e eficiência com que as aplicações e sistemas executam suas funções.

- ***Reliability*** (confiabilidade): é a consistência no desempenho dos sistemas e aplicações.

- ***Resilience*** (resiliência): é a capacidade de um sistema de suportar e se recuperar rapidamente de condições adversas, como falhas, sobrecargas e ataques cibernéticos.

- ***Observability*** (observabilidade): se refere à capacidade de monitorar, e entender o estado interno dos sistemas e aplicações por dados externos, como logs, métricas e traces.

- ***Maintainability*** (manutenibilidade): é a facilidade com que um sistema ou aplicação pode ser mantido ao longo do tempo.

- ***Modularity*** (modularidade): é a característica de um sistema que pode ser dividido em módulos ou componentes independentes.

- ***Composability*** (componibilidade): é a capacidade de combinar e recombinar diferentes componentes ou módulos para formar novos sistemas ou funcionalidades.

- ***Interoperability*** (interoperabilidade): é a capacidade de sistemas e aplicações diferentes trabalharem juntos de maneira eficiente.

- ***Extensibility*** (extensibilidade): refere-se à capacidade de expandir ou aprimorar um sistema ou aplicação com novas funcionalidades ou capacidades sem modificar significativamente a estrutura existente.

- ***Upgradability*** (atualizabilidade): é a facilidade com que um sistema ou aplicação pode ser atualizado ou melhorado para incluir novas funcionalidades ou para se adaptar a mudanças tecnológicas.

## **Cybersecurity** (cibersegurança)

A camada de *Cybersecurity* envolve e protege as camadas de infraestrutura e aplicações, focando na implementação de medidas de segurança para defender contra ameaças digitais, garantindo a integridade, a confidencialidade e a disponibilidade dos dados e sistemas.

Esta camada é essencial para manter a confiança e a continuidade dos negócios em um ambiente digital cada vez mais ameaçado, de forma que as especificidades e nuances vitais para sua eficácia, serão objeto de análise mais detalhada logo a seguir. Isso permitirá um entendimento aprofundado de cada objetivo, enquanto propriedade e aspecto crítico da segurança cibernética.

Essas características e propriedades são fundamentais para estabelecer uma camada de "Cybersecurity" robusta e confiável e formam a base para a proteção efetiva contra uma ampla gama de ameaças cibernéticas, salvaguardando assim os ativos de tecnologia da organização contra acesso, uso e divulgação não autorizados.

A implementação efetiva dessas características é crucial para manter a integridade, confiabilidade e segurança dos sistemas e dados de uma organização:

- ***Authentication*** (autenticação): é o processo de validação da identidade de usuários ou dispositivos.

- ***Authorization*** (autorização): determina quais recursos um usuário autenticado pode acessar e o que pode fazer com eles.

- ***Privacy*** (privacidade): se refere à proteção de dados pessoais e informações confidenciais contra acesso e divulgação não autorizados.

- ***Confidentiality*** (confidencialidade): foca na proteção das informações para serem acessadas apenas por pessoas autorizadas.

- ***Accountability*** (responsabilidade): envolve a capacidade de rastrear e registrar as ações dos usuários nos sistemas de TI.

### **Human** (humano)

Esta camada reconhece a importância do elemento humano na TI. Abrange tudo, desde habilidades técnicas e interpessoais até a liderança e a gestão de talentos, sendo crucial para impulsionar a inovação, gerenciar a mudança e garantir a execução eficaz das estratégias de TI.

Na sequência são explorados em detalhes de cada uma das dez propriedades essenciais desta camada, em que cada uma delas desempenha um papel crucial na construção de uma equipe de TI resiliente, inovadora e eficaz, capaz de aproveitar as oportunidades e entregar resultados no campo da Tecnologia da Informação:

- ***Tenacity*** (tenacidade): refere-se à persistência e à determinação dos profissionais de TI em enfrentar e superar desafios, inclui a habilidade de persistir em problemas complexos, a capacidade de se adaptar a mudanças e a disposição de aprender continuamente.

- ***Versatility*** (versatilidade): é a capacidade dos profissionais de TI de se adaptar a diferentes situações e desafios, assumindo diversos papéis e responsabilidades quando necessário.

- ***Creativity*** (criatividade): é a habilidade de pensar fora dos padrões convencionais, explorar novas tecnologias e abordagens e aplicar insights criativos para superar desafios técnicos e, com isso, conceber soluções inovadoras e eficazes para problemas complexos

- ***Hard Skills*** (habilidades técnicas): são as habilidades técnicas específicas necessárias em TI, como programação, gerenciamento de redes, segurança cibernética, análise de dados para a execução eficiente e eficaz das funções de TI.

- ***Soft Skills*** (habilidades comportamentais): incluem habilidades interpessoais como comunicação, trabalho em equipe, resolução de conflitos e liderança para a colaboração efetiva em equipes de TI e entre diferentes departamentos, bem como para liderar e motivar equipes.

- ***Continuous Learning*** (aprendizado contínuo): é a disposição e a capacidade de se atualizar constantemente com as novas tecnologias, metodologias e tendências da indústria.

- ***Leadership & Influence*** (liderança & influência): é a capacidade de guiar, inspirar e motivar pessoas, além de influenciar decisões estratégicas e promover mudanças.

- ***Emotional Intelligence*** (inteligência emocional): é a habilidade de entender e gerenciar emoções próprias e alheias para liderar equipes, lidar com estresse e mudanças, e manter um ambiente de trabalho saudável, positivo e produtivo.

- ***Engagement & Motivation*** (engajamento & motivação): refere-se à capacidade de manter equipes de TI engajadas e motivadas, inclui criar um ambiente de trabalho que apoie o crescimento pessoal e profissional, reconheça as contribuições e incentive a inovação.

- ***Human Capacity*** (capacidade humana): é a habilidade de uma organização de ter o número adequado de pessoas qualificadas para o volume de trabalho esperado, envolve o planejamento de talentos, treinamento e desenvolvimento de equipes, e a adequação da força de trabalho às demandas do negócio.

## **Operating Model** (modelo operacional)

O *Operating Model* fica acima das demais camadas, integrando-as com uma visão operacional coesa que inclui a modelagem dos processos de TI, a estrutura organizacional, a governança, as práticas de trabalho e a gestão de desempenho. É vital para assegurar que a Área de Tecnologia opere de forma eficiente e alinhada com as metas e estratégias de negócios.

Na sequência são explorados cada um dos componentes desta camada, destacando sua importância e inter-relação no contexto de uma operação de TI eficiente e eficaz.

A compreensão e a implementação eficaz desses componentes são fundamentais para garantir que a Área de Tecnologia possa responder eficientemente às demandas atuais e se adaptar às mudanças futuras no ambiente de transformação digital:

- ***IT Capability & Process Model*** (modelo de competências & Processos de TI): engloba as habilidades, competências e processos que a Área de Tecnologia deve possuir e gerenciar para cumprir seus objetivos estratégicos e operacionais.

- ***Communication Model*** (modelo de comunicação): aborda os métodos, canais, estilos, propósitos e objetivos da comunicação dentro da equipe de TI e entre a TI e outras partes da organização de maneira clara, eficaz e no tempo certo.

- ***People Sourcing Model*** (modelo de aquisição de pessoas): compõe a estratégia de gestão de pessoas da Área de Tecnologia, abrangendo a abordagem de como a TI adquire, gerencia e aloca seu capital humano, considerando tanto recursos internos quanto externos.

- ***Performance Model*** (modelo de desempenho): estrutura e monitora o desempenho da Área de Tecnologia e a sua aplicação é fundamental para alinhar as operações de TI com os objetivos estratégicos da organização, avaliando o progresso e identificando oportunidades para aprimoramento.

- ***Working Model*** (Modelo de Trabalho): define *c*omo o trabalho é realizado na Área de Tecnologia, abrangendo não apenas as práticas de trabalho, mas também os modelos de ferramentas, automação, locais de trabalho (sites) e turnos (shifts), oferecendo uma visão abrangente de como as operações de TI são estruturadas e executadas.

- ***IT Organization Model*** (modelo da organização de TI): define a estrutura organizacional da Área de Tecnologia e estabelece como a TI é estruturada em termos de departamentos, equipes, hierarquia, linhas de relatório, distribuição de responsabilidades e autoridades, otimizando a gestão de recursos e a execução de estratégias.

- ***Roles & Responsibilities Model*** (modelo de papéis & responsabilidades): estabelece a clareza das funções e responsabilidades dentro da Área de Tecnologia, especificando os papéis individuais e coletivos, detalhando as expectativas e obrigações associadas a cada posição dentro da equipe de TI.

- ***Decisions & Power Model*** (modelo de decisões & poder): estabelece como as decisões são tomadas dentro da Área de Tecnologia e quem detém o poder para tomá-las, abordando a alocação de autoridade e responsabilidade, especificando quem pode tomar quais tipos de decisões e em que nível hierárquico elas devem se dar.

- ***Management Model*** (modelo de gestão): define como a liderança e a gestão são exercidas na Área de Tecnologia, desde estilos de liderança e práticas de gestão até estruturas organizacionais, como gestão direta e matricial, influenciando diretamente a cultura, o desempenho e a eficácia da equipe de TI.

- ***Internal & External Interfaces Model*** (modelo de interfaces internas & externas): define e gerencia as interfaces e interações da Área de Tecnologia, tanto internamente, entre seus diversos departamentos, quanto externamente, com outras unidades de negócios da empresa e entidades externas.

## ***Intangibles*** (intangíveis)

No topo do *framework*, a camada de *Intangibles* abrange os temas não tangíveis, como valores, cultura, marca e comportamentos dentro da TI, tratando de temas essenciais para moldar a identidade e a percepção da área, influenciando na inovação, na motivação e no engajamento dos *stakeholders* internos e externos.

Estes componentes são melhor explicados no capítulo "Como a TI pode ser bem-sucedida", uma vez que formam uma camada essencial de tópicos a serem considerados na agenda de uma Área de TI.

Eles moldam não apenas como o TI opera no dia a dia, mas também como se posiciona sendo percebido em toda a organização e além, sendo organizados em:

- ***IT Values*** (valores da TI): formam a espinha dorsal da camada de Intangibles, representando as crenças e valores fundamentais que norteiam a conduta e as decisões na TI.
- ***IT Drivers*** (direcionadores da TI): são as forças motrizes que direcionam as estratégias, decisões e operações da TI.
- ***IT Behaviors*** (comportamentos da TI): refere-se aos padrões de comportamento, práticas e atitudes predominantes dentro da TI.
- ***IT Branding*** (marca da TI): diz respeito à percepção e à reputação do departamento de TI dentro e fora da organização.
- ***IT Culture*** (cultura da TI): é um conjunto de valores, crenças e normas que influenciam como o trabalho é realizado dentro da TI.

Igualmente importante neste detalhamento, é considerar a própria relação e sequência entre as camadas, por exemplo, a de arquitetura e aplicações se apresenta sobre a de infraestrutura, uma vez que se qualquer sistema é efetivamente executado e operado a partir de uma dada infraestrutura.

A camada de cibersegurança se apresenta sobre as camadas de arquitetura, aplicações e infraestrutura, afinal, é fundamental garantir a segurança sobre qualquer um desses aspectos.

A camada de pessoas está acima das anteriores, afinal, nada acontece sem este ativo humano fundamental para transformar ideias em ações, produtos e serviços.

Esta camada de modelo operacional está sobre as demais, justamente para significar a ideia de que ele precisa versar sobre os demais tipos de ativos, assim como ele está diretamente ligada à camada seguinte (intangíveis) pela sua natureza.

Por fim, a camada mais externa de intangíveis representa a dicotomia entre os ativos mais tangíveis e físicos, como a infraestrutura, daqueles mais intangíveis e etéreos, como a cultura.

Acesse o QR Code para saber mais.

https://ciocodex.com/cio-codex-framework/it-assets/

## Competências de TI

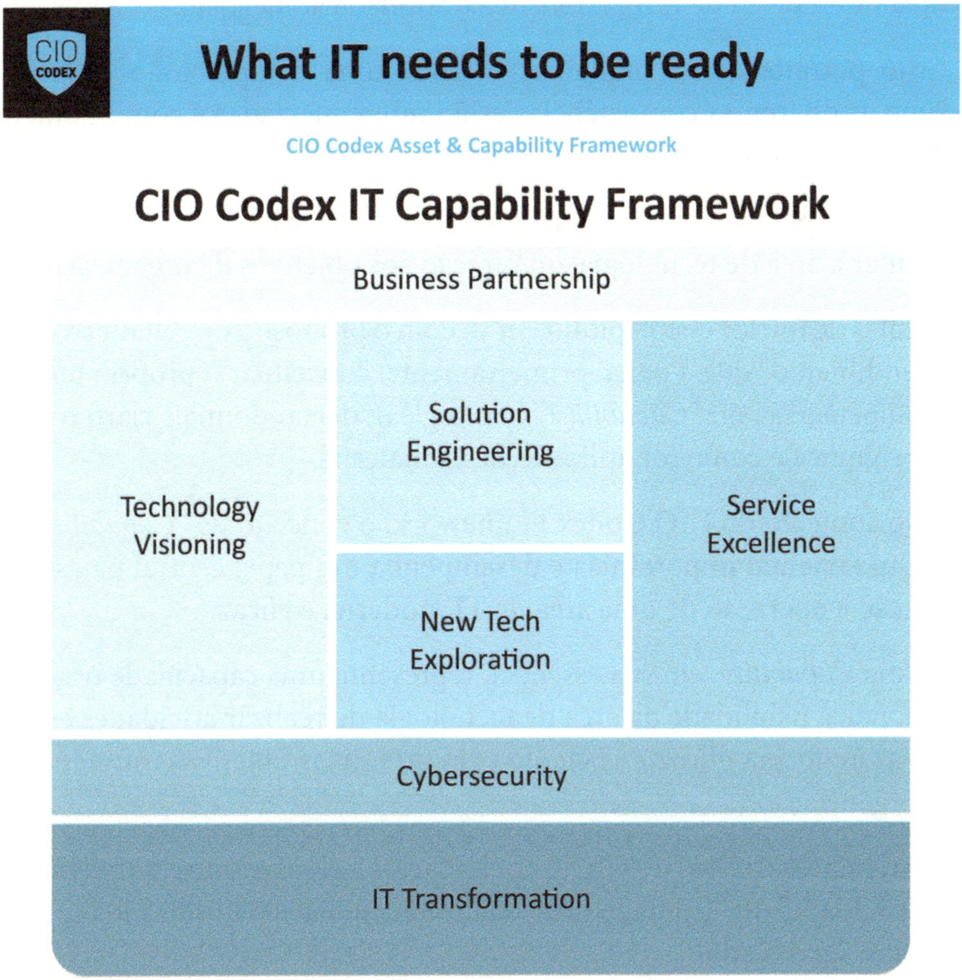


É através das *IT Capabilities* (Competências de TI) que a transformação em Tecnologia da Informação é impulsionada e estas competências não são meramente conjuntos de habilidades, são conjuntos de *capabilities* que alicerçam a estratégia, a operação e a inovação técnica.

Em um mundo onde a tecnologia evolui a um ritmo sem precedentes, as organizações enfrentam o desafio constante de adaptar suas operações de TI para atender às demandas dinâmicas do negócio e do mercado.

O CIO Codex Capability Framework surge como uma resposta abrangente a este desafio, oferecendo um modelo estruturado que capacita os líderes de TI, como CIOs e Diretores de TI, a gerenciar e aprimorar as capabilities de TI de forma holística e alinhada ao negócio.

Isto permite que a organização tenha uma compreensão clara de como as diferentes competências estão interconectadas e como podem ser alinhadas com os objetivos estratégicos.

A principal vantagem de um modelo nesse estilo é a capacidade de orientar a área de tecnologia em direção aos objetivos da organização.

Antes de iniciar esse capítulo em si, com o propósito de evitar erros de entendimento, vale a pena, primeiramente, conceituar o próprio termo "Competência", ou "*Capability*" (em inglês), deixando mais claro o que isto significa e como foi utilizado neste material.

No contexto do CIO Codex Framework, o conceito de "*Capability*" é de fundamental importância e desempenha um papel central na estruturação e operação de uma área de TI moderna e eficaz.

Uma *Capability*, em sua essência, representa uma capacidade organizacional, a habilidade da área de tecnologia de realizar atividades específicas de forma eficaz e eficiente para atingir os objetivos estratégicos da organização.

Em muitos trechos do CIO Codex Framework os termos "*Capability*", "Capacidade" ou "Competência" são intercambiáveis e utilizados com o mesmo significado.

Uma *Capability* é uma capacidade organizacional que envolve um conjunto complexo e interconectado de elementos, incluindo pessoas, processos, tecnologias, conhecimentos e recursos, todos trabalhando em conjunto para executar uma função ou atividade específica consistentemente e com alto desempenho:

- **Pessoas**: as pessoas desempenham um papel crucial em qualquer Capability. Isto inclui profissionais qualificados, treinados e engajados que possuem o conhecimento e as habilidades necessárias para executar as tarefas relacionadas à Capability.

- **Processos:** os processos são os procedimentos, fluxos de trabalho e práticas que orientam a execução das atividades dentro da Capability. Processos bem definidos e eficientes são essenciais para garantir a consistência e qualidade das operações.

- **Tecnologias:** a tecnologia desempenha um papel habilitador em muitas capabilities de TI. Isto inclui hardware, software, plataformas e ferramentas necessárias para executar tarefas específicas e oferecer suporte aos processos.

- **Conhecimento:** o conhecimento é a base intelectual da Capability. Isto abrange o conhecimento técnico, especializado, e estratégico necessário para tomar decisões informadas e resolver problemas complexos.

- **Recursos:** os recursos incluem os recursos (incluindo financeiros) necessários para operar a Capability eficazmente, como orçamento, infraestrutura e capacity de pessoas, etc.

Uma das características mais importantes de uma *Capability* é sua conexão direta com os objetivos estratégicos da organização, onde cada *Capability* é projetada e estruturada para contribuir diretamente para a realização dos objetivos de negócios e estratégias da empresa.

Dessa forma, as *capabilities* não são estáticas. Elas precisam ser adaptáveis e evoluir com o tempo e conforme as necessidades da organização mudam e novas tecnologias emergem. As *capabilities* devem ser atualizadas e aprimoradas para continuar sendo relevantes.

O CIO Codex Capability Framework é uma estrutura conceitual projetada para orientar líderes de TI, como CIOs e Diretores de TI, demais gestores e profissionais interessados, na eficaz gestão e otimização das operações de TI.

O *framework* é composto por sete camadas interconectadas, cada uma abordando um aspecto fundamental da TI, desde a relação com o negócio até a transformação tecnológica:

- ***Business Partnership*** (parceria com o negócio).
- ***Technology Visioning*** (visão tecnológica).
- ***Solution Engineering*** (engenharia de solução).
- ***New Technology Exploration*** (exploração de novas tecnologias).
- ***Service Excellence*** (excelência em serviços).
- ***Cybersecurity*** (cibersegurança).
- ***IT Transformation*** (transformação de TI).

Esta abordagem holística permite uma visão completa das *capabilities* de TI, garantindo que cada área seja alinhada com os objetivos estratégicos da organização.

O conceito central do CIO Codex Capability Framework é a integração da estratégia de TI com a operação diária.

Ao mapear as *capabilities* de TI em camadas distintas, o *framework* possibilita que os líderes de TI tenham uma visão clara de como cada área contribui para a estratégia geral e o sucesso do negócio.

Esta abordagem permite que as organizações identifiquem áreas de fortalecimento, alinhem recursos com as prioridades de negócios e inovem de maneira mais eficaz.

A importância da visão estruturada que um *framework* proporciona não pode ser subestimada, uma vez que ele atua como um guia abrangente que organiza as *capabilities* críticas camadas distintas, oferecendo uma representação concisa do ecossistema tecnológico de uma organização.

Esse tipo de estrutura é essencial por várias razões:

- **Alinhamento estratégico:** as sete camadas representam áreas-chave da gestão de tecnologia, desde o relacionamento com o negócio até a transformação da TI. Isto garante que a estratégia de tecnologia esteja alinhada com os objetivos estratégicos da organização, permitindo que a TI seja um facilitador eficaz.

- **Interconexão de competências:** cada camada está interconectada com as outras, mostrando como as competências em uma camada afetam diretamente as outras. Por exemplo, a camada de "Business Partnership" está intrinsecamente ligada à camada de "Technology Visioning", pois a estratégia de negócios influencia as decisões de tecnologia. Esta interconexão destaca a importância de uma abordagem holística.

- **Identificação de lacunas:** ao mapear as competências em cada camada, a organização pode identificar facilmente lacunas e áreas que precisam de aprimoramento. Por exemplo, se a camada de "Cybersecurity" revelar vulnerabilidades, isso pode afetar diretamente a camada de "Service Excellence". Isto permite uma ação proativa na resolução de problemas.

- **Colaboração integrada:** a estrutura encoraja a colaboração entre as equipes em diferentes camadas. Por exemplo, a equipe de "Technology Visioning" pode trabalhar em estreita colaboração com a equipe de "Solution Engineering" para desenvolver soluções alinhadas com a visão tecnológica. Isso elimina silos organizacionais e promove uma cultura de colaboração.

- **Resiliência e adaptabilidade:** as camadas abrangem uma ampla gama de competências, tornando a organização resiliente e adaptável às mudanças do mercado. Se uma área de tecnologia enfrentar desafios, outras camadas podem compensar, garantindo a continuidade operacional.

- **Aprimoramento contínuo:** a estrutura fornece uma base sólida para o aprimoramento contínuo. À medida que a organização evolui, pode ajustar e expandir as competências em cada camada para se manter competitiva e inovadora.

O CIO Codex Capability Framework é um modelo estratégico e operacional relevante para qualquer organização que busca excelência em suas operações de TI.

Ele não apenas fornece uma estrutura para a gestão eficaz das *capabilities* de TI, mas também garante que estas capacidades estejam alinhadas com a estratégia de negócios e as necessidades do mercado.

Ao adotar este *framework*, as organizações podem garantir uma abordagem mais integrada, proativa e estratégica para a gestão de TI, capacitando-as a enfrentar os desafios da era digital com confiança e competência.

O alcance e o escopo de qualquer *framework* de TI definem sua eficácia e aplicabilidade nas operações diárias e estratégicas de uma organização. Neste sentido, o CIO Codex Capability Framework destaca-se por seu amplo espectro, abrangendo os aspectos essenciais da gestão de TI, buscando assegurar que todos os componentes críticos sejam considerados e gerenciados eficientemente.

Seu alcance estende-se desde o planejamento estratégico e a governança até a execução operacional e a inovação tecnológica. Isto inclui, mas não está limitado às áreas como segurança cibernética, gestão de serviços de TI, transformação digital, gestão de projetos e muito mais.

E esta visão integrada se fez de forma alinhada e convergente com os principais *frameworks* de mercado, a fim de buscar a maior amplitude possível, lastreado nas melhores práticas de mercado, conforme abordado no próximo capítulo.

Acesse o QR Code para saber mais.

https://ciocodex.com/cio-codex-framework/it-capabilities/

## Modelo de Referência de TI

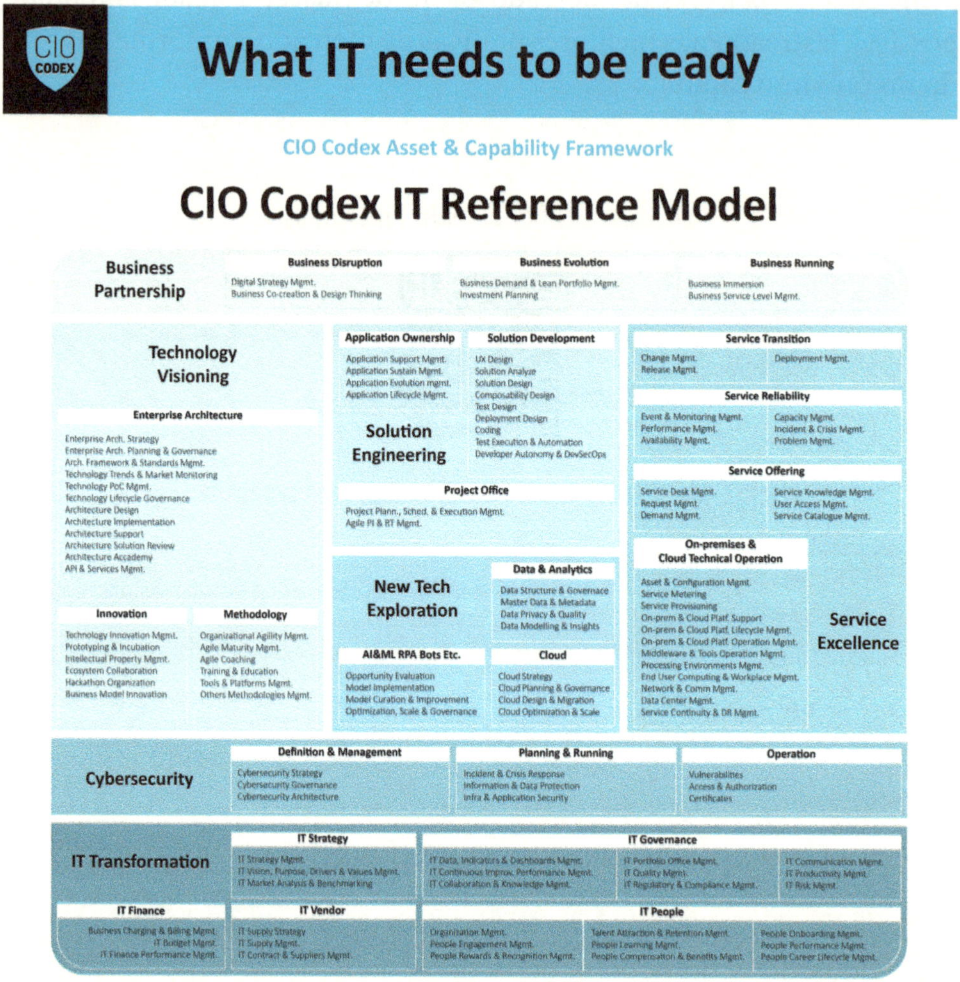


Com os esclarecimentos conceituais feitos sobre as *capabilities*, na sequência cada uma das camadas é detalhada no *IT Reference Model* (Modelo de Referência de TI).

Este modelo servirá como base para consulta pontual e guiada, detalhando cada uma das *capabilities*, organizadas e sequenciadas por camada e macro *capability*.

Na versão on-line a partir do portal CIO Codex é oferecido para cada uma das capabilities um maior nível de profundidade, explorando diversos aspectos:

- **Descrição geral:** este tópico fornece uma visão geral abrangente da capability, definindo claramente o que ela é, seus componentes principais e sua função no contexto de TI.

- **Conceitos e características:** aqui são explorados os conceitos fundamentais que formam a base da capability. Isto inclui teorias, modelos e princípios essenciais para entender como ela funciona sendo aplicada.

- **Propósito e objetivos:** aqui é discutido o valor que a capability traz para o negócio. Isto inclui como ela contribui para a eficiência operacional, inovação, e a vantagem competitiva, assim como a importância para a tecnologia, como a capability afeta os ativos de TI enquanto camadas de Infraestrutura, Arquitetura, Sistemas, Cybersecurity e Modelo Operacional, bem como seu papel na facilitação ou direcionamento da evolução tecnológica.

- **Roadmap de implementação:** aqui são fornecidas orientações sobre como planejar e executar a implementação da capability, incluindo fatores críticos de sucesso e etapas do roadmap.

- **Melhores práticas de mercado:** este tópico detalha as estratégias e abordagens consideradas as melhores práticas na aplicação da capability, com base em benchmarks de mercado e estudos de caso.

- **Desafios atuais:** este tópico aborda os obstáculos e dificuldades típicos que as organizações enfrentam ao adotar e integrar a capability em seus processos de negócios e operações de TI.

- **Tendência para o futuro:** este tópico oferece insights sobre como a capability pode evoluir, mudanças antecipadas no mercado e inovações que podem moldar seu desenvolvimento futuro.

- **KPIs usuais:** aqui são definidos os indicadores-chave de desempenho que podem ser usados para medir a eficácia e eficiência da capability em uma organização.

- **Exemplos de OKRs:** este tópico fornece exemplos de Objetivos e Resultados-Chave que as organizações podem usar para estabelecer metas e rastrear o progresso na implementação da capability.

- **Critérios para avaliação de maturidade:** aqui são estabelecidos os critérios e métricas utilizados para avaliar o nível de maturidade da capability em uma organização, usando um modelo inspirado na escala CMMI, considerando uma escala com 5 níveis de maturidade (Inexistente, Inicial, Definido, Gerenciado, Otimizado).

- **Convergência com principais frameworks de mercado:** este tópico explora como a capability se alinha, converge, suporta e/ou se integra com 10 frameworks e padrões de mercado especializados e notadamente reconhecidos, como ITIL, COBIT, SAFe, dentre outros.

- **Processos e atividades:** por fim, para cada uma das capabilities é apresentada uma derivação em processos, os quais foram definidos a partir de uma abordagem PDCA (Plan, Do, Check & Act - Planejar, Executar, Verificar & Atuar), em que cada um dos processos, por sua vez, foi detalhado no nível de atividades usando uma abordagem inspirada no BPMN (Business Process Model - Modelo de Processo de Negócio), onde para cada uma das atividades é oferecida informações gerais e a definição das matrizes de responsabilidade RACI (Responsible, Accountable, Consulted, Informed - Responsável, Aprovador, Consultado, Informado) e DARE (Decider, Advisor, Recommender, Executer - Decisor, Conselheiro, Recomendador, Executor).

A fim de cobrir todo este espectro de tópicos, o volume deste conteúdo se mostra significativamente extenso, reforçando o seu uso e consumo no formato de modelo de referência, como uma consulta guiada à *capability* de interesse, não como uma leitura contínua.

Este livro busca, dessa forma, servir como uma fonte inicial de principais tópicos sobre cada *capability*. Ele fornece uma visão panorâmica, de forma que cada tópico pode ser posteriormente explorado em maior profundidade na versão on-line do *framework* ou a partir de outras fontes ou por *frameworks* de referência especializados de mercado.

Neste contexto, a seguir são apresentadas resumidamente cada uma das 7 Camadas, 24 Macro *Capabilities* e 120 *Capabilities* do CIO Codex Framework.

## ***Business Partnership*** (parceria com o negócio)

A camada de *Business Partnership* é fundamental para integrar profundamente a TI com as áreas de negócio, fomentando uma operação conjunta.

Ela engloba a gestão 360° do relacionamento, desde a concepção até a operação de produtos e serviços e atua ativamente na definição da estratégia digital, utilizando metodologias como *Design Thinking* para cocriação de ideias.

Esta camada também é responsável pela gestão de demandas e pelo *lean* portfólio, considerando a importância do reaproveitamento e sinergias.

Além disso, mantém uma visão crítica sobre necessidades, priorização e orçamento, e conduz a gestão periódica de *SLAs* e *SLOs*, sempre com foco na melhoria contínua, com a realização de programas de imersão *in-loco* sendo uma prática desta camada, buscando agilizar a resolução de *pain-points* identificados.

A maturidade ágil da organização é outro fator central para essa camada. À medida que a agilidade se infunde na cultura corporativa, espera-se que as *capabilities* se integrem cada vez mais com as outras camadas do *framework*, refletindo uma operação de TI sinérgica e adaptativa que se alinha e evolui com as necessidades dinâmicas do negócio.

As *capabilities* que compõem essa camada são brevemente apresentadas a seguir, agrupadas por macro *capabilities*.

***Business Disruption*** (disrupção de negócio): promovendo e gerenciando mudanças transformadoras dentro da organização por meio da tecnologia:

- ***Digital Strategy Management*** (gestão da estratégia digital): essencial para a criação de um roteiro tecnológico alinhado para negócio, esta capability envolve o planejamento e execução de estratégias digitais para conduzir a transformação e inovação empresarial.

- ***Business Co-creation & Design Thinking*** (cocriação de negócio & Design Thinking): promove a colaboração entre TI e outras áreas de negócio para inovar e resolver problemas complexos. Utiliza o Design Thinking para fomentar a criatividade e centrar soluções nas necessidades dos usuários finais.

***Business Evolution*** (evolução do Negócio): compreendendo e antecipando as demandas empresariais, transformando-as em soluções tecnológicas eficientes e inovadoras:

- ***Business Demand & Lean Portfolio Management*** (gestão de demanda de negócio & do portfólio lean): gerencia as solicitações de TI vindas do negócio, priorizando iniciativas e requisitos conforme seu alinhamento estratégico e valor agregado, assegurando que os recursos de TI sejam alocados de maneira otimizada. Adota princípios enxutos para o gerenciamento de portfólio, focando na entrega de valor e na eliminação de desperdícios. Esta capability é fundamental para agilizar a resposta a mudanças e melhorar a entrega de iniciativas.

- ***Investment Planning*** (planejamento de investimento): avalia e direciona os investimentos em tecnologia para maximizar o ROI. Esta capability assegura que os recursos financeiros sejam atribuídos eficientemente às iniciativas tecnológicas mais impactantes, podendo fazer uso de conceitos como Lean Budget, conforme a maturidade ágil da organização.

***Business Running:*** (operação do negócio) Gerenciando o relacionamento diário entre as áreas de tecnologia e de negócio, garantindo que os serviços de TI entreguem valor contínuo e sustentável para a organização:

- ***Business Immersion*** (imersão de negócio): envolve a imersão profunda de profissionais de TI nos processos de negócio para uma compreensão aprimorada das necessidades operacionais e estratégicas, facilitando uma colaboração mais efetiva e soluções mais integradas.

- ***Business Service Level Management*** (gestão do nível de serviço de negócio): esta capability assegura que os serviços de TI estejam alinhados com as expectativas e necessidades do negócio, mantendo acordos de nível de serviço que definem padrões de desempenho e disponibilidade.

## ***Technology Visioning*** (visão tecnológica)

A camada *Technology Visioning* do CIO Codex Capability Framework desempenha um papel crucial na definição e na governança da arquitetura empresarial de TI e contribui diretamente para que se tenha uma TI criando o futuro hoje e colaborando com o mercado em busca de inovação.

Ela se concentra no alinhamento estratégico com as tendências de mercado e a monitoração de novas tecnologias para garantir que a empresa esteja à frente das inovações, abrangendo desde a gestão de padrões e políticas de tecnologia até a colaboração ativa com equipes de desenvolvimento na concepção de soluções robustas.

Há também um forte enfoque no fomento da inovação por prototipagem e incubação, reforçando a parceria com o ecossistema de fintechs e a organização de hackathons.

Além disso, a camada promove a agilidade organizacional, não só em termos de metodologias ágeis, mas também na maturidade geral de TI, oferecendo *coaching* e gerenciando as ferramentas e plataformas que facilitam a implementação de processos ágeis.

As *capabilities* que compõem essa camada são brevemente apresentadas a seguir, agrupadas por macro *capabilities*.

***Enterprise Architecture*** (arquitetura Corporativa): definindo e mantendo a arquitetura de TI em alinhamento para negócio, assegurando que as decisões tecnológicas apoiem a estratégia global da empresa:

- ***Enterprise Architecture Strategy*** (estratégia da arquitetura corporativa): esta capability foca na criação de uma visão estratégica para a arquitetura empresarial, definindo como a TI suportará os objetivos de negócio a longo prazo e orientará a empresa por mudanças tecnológicas.

- ***Enterprise Architecture Planning & Governance*** (planejamento & governança da arquitetura corporativa): envolve o planejamento detalhado e a governança da arquitetura de TI, garantindo que ela esteja alinhada com a estratégia empresarial e implementada de forma eficaz e sustentável.

- ***Architecture Frameworks & Standards Management*** (gestão dos frameworks & padrões de arquitetura): trata da definição, implementação e manutenção de frameworks e padrões de arquitetura, para assegurar a consistência, eficiência e escalabilidade das soluções de TI.

- ***Technology Trends & Market Monitoring*** (monitoramento das tendências & mercado de tecnologia): esta capability é focada em monitorar e analisar as tendências de mercado e tecnologias emergentes, permitindo que a organização antecipe mudanças e aproveite novas oportunidades.

- ***Technology Proof of Concept Management*** (gestão de prova de conceito de tecnologia): gerencia a criação e avaliação de provas de conceito para novas tecnologias, permitindo uma análise prática do potencial e da aplicabilidade dessas inovações dentro da organização.

- ***Technology Lifecycle Governance*** (governança do ciclo de vida tecnológico: envolve a gestão do ciclo de vida das tecnologias adotadas, desde a introdução até a desativação, assegurando que sejam mantidas atualizadas, seguras e alinhadas com as necessidades do negócio.

- ***Architecture Design*** (desenho de arquitetura): esta capability se concentra no design arquitetônico de soluções de TI, elaborando planos detalhados que definem como os componentes tecnológicos se integrarão e funcionarão juntos. A chave é garantir que cada solução seja robusta, escalável e alinhada com os objetivos estratégicos do negócio, além de estar adaptada para responder às necessidades atuais e futuras da organização.

- ***Architecture Implementation*** (implementação de arquitetura): trata da execução prática do design arquitetônico. Esta capability envolve a implementação efetiva das soluções de arquitetura, garantindo que elas sejam instaladas, configuradas e operacionalizadas conforme o planejado. O foco está em realizar a transição de planos arquitetônicos para sistemas funcionais, assegurando que eles atendam aos requisitos de desempenho, segurança e usabilidade.

- ***Architecture Support*** (suporte de arquitetura): esta capability é dedicada ao suporte contínuo das soluções de arquitetura implementadas. Ela garante que as soluções de TI permaneçam operacionais, eficientes e atualizadas após a implementação. Isto inclui fornecer assistência técnica, realizar manutenções e atualizações necessárias, e assegurar que as soluções de arquitetura continuem alinhadas com as mudanças nas demandas de negócios e tecnologias emergentes.

- ***Architecture Solution Review*** (revisão de arquitetura de solução): envolvida na avaliação e revisão das soluções de arquitetura propostas, esta capability assegura que as soluções de TI sejam otimizadas, eficientes e alinhadas com a estratégia geral da empresa.

- ***Architecture Academy*** (academia de arquitetura): destina-se ao desenvolvimento e educação contínua em arquitetura empresarial, fornecendo treinamento e recursos para profissionais de TI, para garantir competências atualizadas e alinhamento com as melhores práticas.

- ***API & Services Management*** (gestão de APIs & serviços): esta capability gerencia o desenvolvimento, implementação e governança de APIs e serviços, facilitando a integração e a comunicação eficaz entre diferentes sistemas e plataformas.

***Innovation*** (inovação): identificando, avaliando e implementando novas tecnologias e métodos que podem oferecer vantagens competitivas significativas e abrir novos caminhos para o sucesso empresarial:

- ***Technology Innovation Management*** (gestão da inovação tecnológica): esta capability foca no gerenciamento da inovação tecnológica dentro da organização. Ela envolve a identificação, avaliação e implementação de novas tecnologias e práticas inovadoras, garantindo que a empresa se mantenha competitiva e na vanguarda da evolução tecnológica.

- ***Prototyping & Incubation*** (prototipação & incubação): dedicada à criação e ao desenvolvimento de protótipos para explorar novas ideias e tecnologias. Esta capability permite testar conceitos em um ambiente controlado, proporcionando insights valiosos antes da implementação em escala.

- ***Intellectual Property Management*** (gestão da propriedade Intelectual): envolve a gestão da propriedade intelectual gerada pelas inovações e desenvolvimentos tecnológicos da empresa. Essa capability assegura que as criações e inovações estejam devidamente protegidas e sejam utilizadas de forma estratégica para beneficiar a organização.

- ***Ecosystem Collaboration*** (colaboração com ecossistema): esta capability foca na colaboração com o ecossistema externo, incluindo startups, universidades e outras empresas, para fomentar a inovação aberta e obter acesso a novas ideias, tecnologias e abordagens.

- ***Hackathon Organization*** (organização de hackathon): trata da organização de hackathons, sendo eventos onde profissionais e entusiastas de tecnologia se reúnem para desenvolver soluções inovadoras em um curto período. Esta capability estimula a criatividade, a colaboração e a rápida prototipagem, oxigenando a organização com novas ideias provenientes do mundo exterior.

- ***Business Model Innovation*** (inovação do modelo de negócios): foca na reinvenção e inovação dos modelos de negócio da organização através da tecnologia. Esta capability é crucial para explorar novas formas de geração de valor e manter a empresa adaptável e relevante em um mercado em constante mudança.

***Methodology*** (metodologia): selecionando, adaptando e gerenciando metodologias cruciais para a execução eficiente de projetos de TI, garantindo que eles se alinhem com os objetivos estratégicos da empresa e entreguem valor agregado:

- ***Organizational Agility Management*** (gestão da agilidade organizacional): esta capability envolve a promoção e gestão da agilidade organizacional, enfatizando a adoção de práticas ágeis em toda a empresa. Ela adaptará e implementará metodologias que permitam uma resposta rápida às mudanças do mercado e às necessidades dos clientes, mantendo a empresa dinâmica e competitiva.

- ***Agile Maturity Management*** (gestão da maturidade ágil): focada no desenvolvimento e na avaliação da maturidade ágil dentro da organização. Esta capability inclui a implementação de frameworks ágeis, a mensuração de seu sucesso e a identificação de áreas para melhoria contínua, assegurando que a agilidade se torne uma competência central da empresa.

- ***Agile Coaching*** (coaching da metodologia ágil): dedica-se a fornecer coaching e suporte em práticas ágeis para equipes de TI e outros departamentos, usualmente na modalidade "on the job", ao longo das iniciativas ágeis reais do dia a dia. Esta capability é essencial para construir competências ágeis, promover uma cultura de melhoria contínua e garantir a aplicação eficaz das metodologias ágeis.

- ***Training & Education*** (treinamento & educação): foca em fornecer treinamentos e educação continuada em práticas ágeis para equipes de TI e outros departamentos. Esta capability é essencial para construir competências ágeis, promover uma cultura de aprendizado contínuo e o aprimoramento das pessoas.

- ***Tools & Platforms Management*** (gestão de ferramentas & plataformas): envolve a seleção, implementação e gestão de ferramentas e plataformas que facilitam a adoção e o gerenciamento de processos ágeis. Esta capability garante que as equipes tenham acesso a recursos e ferramentas que aprimorem a colaboração, o planejamento e a execução de projetos ágeis.

- ***Other Methodologies Management*** (gestão de demais metodologias): esta capability abrange a gestão de outras metodologias além das ágeis, como Lean, Six Sigma, ou Waterfall.

Ela assegura que a organização tenha uma abordagem balanceada e adaptada às necessidades específicas de cada projeto, combinando diferentes técnicas para maximizar a eficiência e eficácia.

## ***Solution Engineering*** (engenharia de solução)

A camada *Solution Engineering* é essencial no CIO Codex Capability Framework, por lidar com a gestão de projetos de TI tanto sob uma ótica tradicional quanto ágil, integrando cerimônias e conceitos como *PI Planning* e *Agile Release Train*, materializando a entrega, manutenção e evolução das soluções.

Nesta camada, um dos focos é manter uma abordagem de *Application Ownership* eficaz que preserve o conhecimento histórico dos sistemas, enquanto proporciona suporte contínuo e atualizações tecnológicas. Isto inclui, também, a gestão do ciclo de vida das aplicações, garantindo a devida atenção às atualizações, tratamento de obsolescências, assim como eventuais desativações dessas soluções quando da chegada do final da sua vida útil.

Ela é responsável por garantir uma entrega eficiente de projetos e produtos, desde a fase de *UX Design* até a realização dos testes de *User Acceptance Testing* (*UAT*), passando pelo design da solução, automação de testes e planejamento de implantação.

A engenharia de soluções também visa promover a automação para aumentar a autonomia dos desenvolvedores, incentivando a implementação de *pipelines* de *DevSecOps*, assegurando, assim, qualidade e produtividade no desenvolvimento de soluções.

As *capabilities* que compõem essa camada são brevemente apresentadas a seguir, agrupadas por macro *capabilities*.

**Project Office** (escritório de projetos): estabelecendo e mantendo um conjunto de práticas, processos e padrões para assegurar que as iniciativas de TI sejam conduzidos de maneira eficaz, entregando soluções que atendam às expectativas de qualidade, tempo e custo:

- ***Project Planning, Schedule & Execution Management*** (Gestão do Planejamento, Agendamento & Execução de Projetos): focada na fase inicial de planejamento de iniciativas. Esta capability envolve a definição de escopos, objetivos, recursos, roadmaps, cronogramas e métricas de sucesso. Ela é crucial para estabelecer uma base sólida para a execução eficaz das entregas, garantindo alinhamento com as metas estratégicas da organização. Esta capability assegura que iniciativas estejam progredindo conforme planejado, identifica desvios e implementa ações corretivas para mantê-las no caminho certo.

- ***Agile Program Increment (PI) & Release Train (RT) Management*** (Gestão do Incremento de Programa e Trem de Lançamento Ágil): especializada na gestão de incrementos de programas e trens de lançamento em contextos ágeis. Esta capability envolve coordenar equipes e recursos em ciclos de desenvolvimento iterativos, otimizando a entrega contínua de valor para os stakeholders.

**Application Ownership** (propriedade da aplicação): promovendo a gestão eficaz do ciclo de vida das aplicações, desde a concepção até a retirada, passando pela manutenção e evolução:

- ***Application Support Management*** (gestão de suporte da aplicação): esta capability se concentra na gestão do suporte a aplicações, assegurando que elas se mantenham funcionais e eficientes. Inclui a identificação e resolução de problemas, assim como o fornecimento de assistência técnica aos usuários, garantindo a continuidade e a eficiência operacional das aplicações.

- ***Application Sustain Management*** (gestão da sustentação da aplicação): dedicada à manutenção e correção contínua das aplicações. Esta capability envolve a gestão de atualizações, patches e mudanças necessárias para manter as aplicações seguras, atualizadas e alinhadas com as mudanças tecnológicas e de negócios.

- ***Application Evolution Management*** (gestão da evolução da aplicação): foca no desenvolvimento e aprimoramento contínuo das aplicações. Esta capability envolve a implementação de melhorias e novas funcionalidades, visando a evolução constante das aplicações em resposta às demandas emergentes do negócio e dos usuários.

- ***Application Lifecycle Management*** (gestão do ciclo de vida da aplicação): trata da gestão integral do ciclo de vida das aplicações, desde a concepção até a retirada. Esta capability assegura que cada etapa do ciclo de vida seja gerenciada eficientemente, garantindo que as aplicações atendam às necessidades do negócio ao longo do tempo e que sejam aposentadas de maneira ordenada quando necessário.

***Solution Development*** (desenvolvimento de solução): atuando sobre todo o processo de criação de soluções, desde a concepção inicial e design até a codificação, teste e implantação:

- ***UX Design*** (desenho de UX): esta capability enfoca no design da experiência do usuário (UX), criando interfaces e interações que proporcionam uma experiência intuitiva, agradável e eficiente para os usuários. Envolve a pesquisa de necessidades dos usuários, a criação de protótipos e o teste de usabilidade para garantir que as soluções finais sejam centradas no usuário.

- ***Solution Analyze*** (análise da solução): dedicada à análise detalhada de requisitos e necessidades para o desenvolvimento de soluções. Inclui a avaliação de requisitos técnicos e de negócios, assegurando que a solução proposta atenda efetivamente aos objetivos e expectativas do projeto.

- ***Solution Design*** (desenho da solução): foca no projeto arquitetônico das soluções, definindo a estrutura, os componentes e como eles interagem para formar um sistema coeso. Esta capability é crucial para garantir que a solução seja robusta, escalável e alinhada com os padrões e políticas de TI da organização.

- ***Composability Design*** (desenho de componibilidade): envolvida no design de soluções modulares e reutilizáveis. Esta capability promove a criação de componentes que podem ser combinados de diversas formas para atender a diferentes requisitos, aumentando a flexibilidade e a eficiência do desenvolvimento, assim como o efetivo reuso desses componentes.

- ***Test Design*** (desenho de teste): trata da criação de planos e casos de teste para garantir que as soluções desenvolvidas funcionem conforme esperado. Esta capability é essencial para identificar falhas e problemas antes do lançamento, perseguindo uma perspectiva estratégica para assegurar a qualidade e a confiabilidade da solução.

- ***Deployment & Release Design*** (desenho de implantação & lançamento): envolve o planejamento e design de estratégias para a implantação e lançamento de soluções, garantindo uma transição suave para a operação e minimizando impactos nos usuários finais e nos sistemas existentes.

- ***Coding*** (codificação): esta capability é o coração do desenvolvimento de soluções, envolvendo a escrita de código para criar as funcionalidades especificadas no design da solução. Foca em práticas de codificação eficientes, limpas e seguras, seguindo as melhores práticas e padrões da indústria.

- ***Test Execution & Automation*** (execução & automação de testes): dedicada à execução de testes e à implementação de automação de testes. Esta capability assegura que as soluções sejam rigorosamente testadas para funcionalidade, desempenho e segurança, melhorando a eficiência e a eficácia do processo de teste.

- ***Developer Autonomy & DevSecOps*** (autonomia do desenvolvedor & DevSecOps): foca em empoderar os desenvolvedores com as ferramentas, processos e autonomia necessários para integrar considerações de segurança desde o início do ciclo de desenvolvimento, promovendo uma abordagem DevSecOps para o desenvolvimento seguro e eficiente de software.

## ***New Technology Exploration*** (exploração de novas tecnologias)

No CIO Codex Capability Framework, a camada de *New Technology Exploration* é centrada na exploração e integração de tecnologias emergentes dentro da organização, fomentando a exploração e escala, com sua devida otimização, de novas tecnologias dentro do stack tecnológico da organização.

Como abordado no capítulo "Como a TI pode ser bem-sucedida", a exploração de novas tecnologias é uma característica essencial nas organizações que buscam a excelência, requerendo assim um conjunto de competências para tal.

Ela estimula uma cultura orientada a dados, incentivando projetos que não apenas apoiam os objetivos de negócios, mas também promovem a inovação tecnológica interna. Isto abrange a avaliação crítica e a adoção efetiva de soluções avançadas como Inteligência Artificial, *Machine Learning*, *Robotic Process Automation* e outras tecnologias emergentes, focando na curadoria e na maturação de modelos operacionais.

Além disso, há um esforço contínuo para desenvolver e aprimorar estratégias de *cloud computing*, abrangendo desde a migração e design até a otimização e escala na nuvem, possibilitando à organização adaptar-se e escalar suas operações conforme as demandas do mercado evoluem.

As *capabilities* que compõem essa camada são brevemente apresentadas a seguir, agrupadas por macro *capabilities*.

***Data & Analytics*** (dados & análises): abordando a coleta, gestão, análise e interpretação de dados para fornecer insights valiosos que suportem as estratégias de negócios e operações:

- ***Data Structure & Governance*** (estrutura & governança de Dados): esta capability envolve a criação e manutenção de estruturas de dados robustas e governança de dados eficiente. Ela assegura que os dados estejam organizados, acessíveis e seguros, facilitando a análise e o uso efetivo dos dados para suportar decisões de negócios.

- ***Master Data & Metadata Management*** (gestão de dados mestre & metadados): foca na gestão e manutenção dos dados mestres e metadados, garantindo que as informações essenciais da organização sejam precisas, consistentes e facilmente acessíveis. Esta capability é crucial para a integridade e a confiabilidade dos dados.

- ***Data Privacy & Quality*** (privacidade & qualidade de dados): dedicada à garantia da privacidade e da qualidade dos dados. Esta capability envolve implementar políticas e práticas que assegurem a proteção de dados pessoais e sensíveis, bem como a precisão, completude e confiabilidade dos dados corporativos.

- ***Data Modelling & Insights*** (modelagem & insights de dados): trata do desenvolvimento de modelos de dados que representem eficientemente a estrutura de informações da organização e que forneçam insights valiosos. Esta capability é fundamental para transformar dados brutos em informações úteis que possam apoiar decisões estratégicas.

***AI & ML, RPA, Bots & Other New Techs*** (IA & ML, RPA, Bots & demais novas tecnologias): atuando na adoção e integração de tecnologias emergentes para impulsionar a inovação e eficiência nas organizações:

- ***Opportunity Evaluation*** (avaliação de oportunidades): esta capability concentra-se em avaliar as oportunidades para a implementação de Inteligência Artificial, Machine Learning, RPA (Robotic Process Automation), Bots e outras tecnologias emergentes. Ela envolve analisar as necessidades e objetivos do negócio, identificar potenciais benefícios e riscos, e decidir quais tecnologias trarão maior valor agregado.

- ***Model Implementation*** (implementação de modelos): dedicada à implementação efetiva de modelos de AI, ML, RPA e Bots. Esta capability engloba a configuração, customização e integração dessas tecnologias nos processos existentes, garantindo que elas funcionem conforme o esperado e entreguem os resultados desejados.

- ***Model Curation & Improvement*** (curadoria & melhoria de Modelos): foca na curadoria e melhoria contínua dos modelos de AI, ML e outras tecnologias similares. Isto inclui monitoramento constante, ajustes e otimizações para garantir que os modelos permaneçam eficazes, precisos e relevantes diante das mudanças nas condições de negócios e dados.

- ***Optimization, Scale & Governance*** (otimização, escala & governança): esta capability envolve a otimização contínua das implementações de AI, ML, RPA, Bots e outras tecnologias. Visa melhorar constantemente o desempenho, eficiência e impacto destas soluções tecnológicas, garantindo que elas sejam tão eficientes e eficazes, quanto possível. Trata também da escalabilidade e da governança dessas tecnologias avançadas. Esta capability assegura que as soluções de AI, ML, RPA e Bots possam ser escaladas de maneira sustentável e controlada, com governança adequada para garantir a conformidade, segurança e integridade dos processos e dados.

***Cloud*** (computação na nuvem): abrangendo a estratégia, planejamento, design, implementação e gestão de soluções baseadas em nuvem, permitindo que as empresas aproveitem ao máximo os benefícios da computação em nuvem:

- ***Cloud Strategy*** (estratégia da nuvem): esta capability foca no desenvolvimento de uma estratégia abrangente para a nuvem, definindo como a tecnologia de cloud computing é utilizada para apoiar os objetivos de negócio. Envolve a análise das necessidades da organização, a avaliação de opções de serviços em nuvem e a definição de uma abordagem para adoção, migração e uso da nuvem.

- ***Cloud Planning & Governance*** (planejamento & governança da nuvem): dedicada ao planejamento detalhado e à governança dos recursos de cloud computing. Esta capability garante que a migração para a nuvem e sua gestão sejam feitas de forma estruturada, controlada e alinhada com as políticas de segurança e conformidade da organização.

- ***Cloud Design & Migration*** (desenho & migração da nuvem): foca no design de arquiteturas de nuvem e na execução de migrações. Inclui a escolha de modelos de serviço apropriados (IaaS, PaaS, SaaS), o design de ambientes em nuvem para otimizar desempenho e custo, e a implementação de processos de migração eficientes e seguros.

- **Cloud Optimization & Scale** (otimização & escala da nuvem): esta capability envolve a otimização contínua de serviços em nuvem para garantir que sejam eficientes, escaláveis e custo-efetivos. Inclui o monitoramento do desempenho, o ajuste de recursos e a implementação de melhores práticas para maximizar os benefícios da nuvem.

### ***Service Excellence*** (excelência em serviços)

A camada *Service Excellence* do CIO Codex Capability Framework é dedicada a assegurar a entrega e operação contínua de serviços de TI de alta qualidade, a promovendo como uma provedora de serviços, enfatizando a importância das transições de serviço sem interrupções e a previsibilidade das implantações.

Está diretamente alinhada à cultura de *Site Reliability Engineering* (*SRE*) para garantir monitoramento proativo e gestão da capacidade e desempenho dos sistemas, estando relacionada com o conceito de *Reliability Engineering* abordado nos tópicos organizacionais do capítulo "Como a TI pode ser bem-sucedida".

O compromisso com a melhoria contínua é primordial nesta camada, focando em reduzir a incidência de incidentes e crises, mas também estabelecendo uma organização capaz de responder de maneira eficaz e eficiente quando tais eventos ocorrem.

A prestação de serviços é otimizada por canais diversos, com ênfase no autoatendimento e automação, para melhorar a experiência geral do usuário e a eficiência operacional.

A capacidade técnica é ampliada para abranger tanto ambientes on-premises quanto na nuvem, gerenciando todo o ciclo de vida dos ativos de infraestrutura e plataformas de middleware, e enfatizando a produtividade e a qualidade no desenvolvimento e na gestão de ambientes computacionais.

As *capabilities* que compõem esta camada são brevemente apresentadas a seguir, agrupadas por macro *capabilities*.

***Service Transition*** (transição de serviços): garantindo que as mudanças nos serviços de TI desenvolvidas a partir das competências de *Solution Development* sejam implementadas de forma eficaz e eficiente, minimizando os riscos e impactos sobre as operações cotidianas, atendendo aos requisitos definidos e às expectativas dos *stakeholders:*

- **Change Management** (gestão de mudança): esta capability foca na gestão eficaz de mudanças nos serviços de TI. Inclui o planejamento, monitoramento e execução de mudanças para minimizar o impacto sobre os usuários finais e as operações do negócio. Envolve a avaliação de riscos, a comunicação efetiva das mudanças e a garantia de que todas as alterações sejam implementadas de forma controlada e documentada.

- **Release Management** (gestão de lançamento): dedicada à gestão e coordenação de lançamentos de software e outras alterações no ambiente de TI. Esta capability assegura que todas as versões sejam cuidadosamente planejadas, testadas e implementadas de maneira a garantir a estabilidade do ambiente de TI e a continuidade dos serviços de negócios.

- **Deployment Management** (gestão de implantação): foca no gerenciamento dos processos de implantação de sistemas de TI, garantindo que novos softwares, atualizações ou configurações sejam distribuídos de maneira eficaz e eficiente. Esta capability envolve a coordenação das atividades de implantação, verificação da integridade e funcionamento após a implementação e a minimização de interrupções durante o processo.

***Service Reliability*** (confiabilidade de serviço): focando em manter a estabilidade operacional e otimizar o desempenho dos serviços de TI, garantindo que eles estejam disponíveis, resilientes e eficientes:

- ***Event & Monitoring Management*** (gestão de eventos e Monitoramento): esta capability foca na supervisão contínua dos sistemas de TI, identificando e respondendo a eventos que afetem a operação e desempenho dos serviços. Inclui o monitoramento proativo para detectar e prevenir incidentes antes que eles ocorram, garantindo a confiabilidade e disponibilidade dos sistemas.

- ***Performance Management*** (gestão de desempenho): dedicada à gestão do desempenho dos serviços de TI. Esta capability envolve a análise contínua dos indicadores de desempenho, identificando áreas para otimização e implementando melhorias para garantir que os serviços de TI atendam ou superem as expectativas e necessidades dos negócios.

- ***Availability Management*** (gestão de disponibilidade): foca na garantia de que os serviços de TI estejam disponíveis conforme as necessidades do negócio. Inclui o planejamento e a implementação de estratégias para maximizar a disponibilidade dos sistemas, reduzindo o tempo de inatividade e assegurando a continuidade dos serviços.

- ***Capacity Management*** (gestão de capacidade): trata do planejamento e gerenciamento da capacidade dos recursos de TI, assegurando que haja capacidade suficiente para atender às demandas atuais e futuras do negócio. Esta capability envolve a análise de tendências, a previsão de necessidades futuras e a otimização do uso de recursos.

- ***Incident & Crisis Management*** (gestão de incidentes & Crises): esta capability é responsável pela gestão eficaz de incidentes e crises, assegurando uma rápida resposta, minimizando o impacto nos negócios e restaurando os serviços o mais rápido possível. Inclui a coordenação de equipes, comunicação com stakeholders e análise pós-incidente para prevenir recorrências.

- ***Problem Management*** (gestão de problemas): foca na identificação e resolução de problemas subjacentes que causam incidentes recorrentes ou significativos. Esta capability visa eliminar as causas raízes de falhas para melhorar a qualidade e a confiabilidade dos serviços de TI, prevenindo incidentes futuros.

***Service Offering*** (oferta de serviços): garantindo que os serviços de TI sejam acessíveis, compreensíveis e alinhados com as necessidades específicas dos usuários e do negócio:

- ***Service Desk Management*** (gestão de atendimento): esta capability é fundamental para fornecer um ponto central de contato entre os usuários finais e a equipe de TI. Envolve a gestão do suporte técnico, tratamento de consultas e problemas, e o fornecimento de uma resposta rápida e eficaz para garantir a satisfação do usuário e a continuidade dos serviços de negócios.

- ***Request Management*** (gestão de requisições): foca na gestão eficiente das solicitações de serviço dos usuários, incluindo requisições de mudanças, acessos ou novos recursos. Esta capability garante que todas as solicitações sejam processadas de forma organizada, transparente e em tempo hábil, contribuindo para a eficiência operacional.

- ***Demand Management*** (gestão de demandas): dedicada à previsão e gestão da demanda por serviços de TI. Envolve o entendimento e a análise das necessidades atuais e futuras dos usuários e negócios, ajustando os recursos e capacidades de serviço para atender a essas demandas eficazmente.

- ***Service Knowledge Management*** (gestão de conhecimento sobre Serviços): esta capability envolve a gestão e compartilhamento de conhecimentos relacionados aos serviços de TI. Inclui a documentação de procedimentos, soluções de problemas e informações relevantes, facilitando a resolução de incidentes e o suporte eficaz aos usuários.

- ***User Access Request Management*** (gestão de requisições de Acesso de Usuários): foca na gestão dos pedidos de acesso dos usuários aos sistemas e serviços de TI. Assegura que todos os acessos sejam concedidos conforme as políticas de segurança e conformidade, e que os direitos de acesso sejam revistos e ajustados conforme necessário.

- ***Service Catalogue Management*** (gestão do catálogo de serviços): trata da criação e manutenção de um catálogo de serviços de TI, que descreve todos os serviços disponíveis para os usuários. Esta capability é essencial para informar os usuários sobre o que esperar dos serviços de TI, incluindo detalhes sobre a disponibilidade, os processos de requisição, os SLAs e as responsabilidades associadas.

***On-premises & Cloud Technical Operation*** (operação técnica local & na nuvem): assegurando que a infraestrutura de TI da organização seja confiável, segura e capaz de suportar as operações de negócios atuais e futuras:

- ***Asset & Configuration Management*** (gestão de ativos & configuração): foca na gestão eficiente dos ativos de TI e suas configurações. Esta capability envolve a manutenção de registros precisos dos ativos, gerenciamento de inventário, além do controle de configurações para assegurar a integridade e a rastreabilidade dos recursos de TI.

- ***Service Metering*** (medição de serviços): dedicada à medição e monitoramento do uso de serviços de TI, tanto em ambientes on-premises quanto na nuvem. Esta capability permite a avaliação precisa do consumo de recursos, facilitando a alocação de custos e o planejamento de capacidade.

- ***Service Provisioning*** (provisionamento de serviços): envolve o rápido e eficiente provisionamento de recursos e serviços de TI, assegurando que as necessidades dos usuários e negócios sejam atendidas prontamente. Inclui a automação de processos para agilizar a entrega de serviços.

- ***On-premises & Cloud Platform Support*** (suporte às plataformas locais & na nuvem): foca no suporte técnico para plataformas on-premises e na nuvem, garantindo que elas operem eficientemente e sem interrupções. Esta capability é crucial para a manutenção da estabilidade e desempenho dos ambientes de TI.

- **On-premises & Cloud Platform Lifecycle Management** (gestão do ciclo de vida das plataformas locais & na nuvem): trata da gestão do ciclo de vida das plataformas, tanto on-premises quanto na nuvem, incluindo upgrades, manutenção e eventual desativação. Assegura que as plataformas se mantenham atualizadas, seguras e alinhadas com as necessidades do negócio.

- ***On-premises & Cloud Platform Operation Management*** (gestão da operação das plataformas locais & na nuvem): dedicada à gestão operacional das plataformas on-premises e na nuvem. Esta capability engloba atividades como monitoramento, ajuste de desempenho e gestão de incidentes, garantindo a eficiência operacional contínua.

- **Middleware & Tools Operation Management** (gestão da operação de middleware & ferramentas): foca na gestão de middleware e ferramentas operacionais. Envolve a monitorização e manutenção destes componentes críticos, garantindo que eles estejam otimizados para suportar aplicações e serviços de TI.

- **Processing Environments Management** (gestão de ambientes de processamento): esta capability trata da gestão de ambientes de processamento, incluindo ambientes de teste e homologação, além do ambiente de produção. Assegura que esses ambientes (tanto aqueles na modalidade on-premises quanto aqueles em cloud) sejam configurados adequadamente e mantenham a integridade necessária para o desenvolvimento e a operação de sistemas.

- ***End User Computing & Workplace Management*** (gestão de computação do usuário final & postos de trabalho): dedicada à gestão do ambiente de computação do usuário final e do local de trabalho. Inclui a manutenção de dispositivos, aplicativos e serviços que os usuários finais utilizam, assegurando uma experiência de usuário eficiente e produtiva.

- ***Network & Communications Management*** (gestão de redes & comunicação): foca na gestão das redes e comunicações, garantindo a conectividade robusta e segura dentro da organização e com o mundo externo. Esta capability é essencial para o suporte à colaboração, ao acesso a serviços e à operação eficiente dos negócios.

- ***Data Center Management*** (gestão de centros de processamento): Trata da gestão eficiente dos data centers, incluindo a infraestrutura física e os recursos de computação. Esta capability envolve a manutenção, segurança e otimização dos data centers para garantir a continuidade e a eficiência dos serviços de TI.

- ***Service Continuity & Disaster Recovery Management*** (gestão da continuidade de serviços & recuperação de desastres): Dedicada à gestão da continuidade dos serviços e recuperação de desastres. Esta capability assegura que existam planos e processos robustos para manter as operações de TI durante e após eventos adversos, minimizando interrupções e perdas.

## ***Cybersecurity*** (cibersegurança)

No CIO Codex Capability Framework, a camada *Cybersecurity* é imperativa para a proteção integral da organização, preconizando uma atuação da Tecnologia como parceira do *CoE* de *Cybersecurity* da organização.

Esta camada abrange a estratégia de segurança, a arquitetura e a operação eficaz, focando na proteção de dados, informações, aplicações e infraestruturas, considerando o monitoramento constante e uma gestão proativa dos elementos mais sensíveis de segurança, incluindo a identificação de vulnerabilidades e a gestão de acessos e autorizações.

Esta camada também estabelece e mantém rigorosos protocolos de resposta a incidentes de segurança cibernética, assegurando uma execução diligente e uma resposta abrangente.

A gestão de riscos, compliance, auditoria e segurança são tratados com diligência e proatividade para manter a organização segura contra ameaças internas e externas, assegurando a resiliência operacional e a confiança dos *stakeholders*.

As *capabilities* que compõem essa camada são brevemente apresentadas a seguir, agrupadas por macro *capabilities*.

***Definition & Management*** (definição & gestão): envolvendo a definição de uma estratégia de segurança cibernética abrangente, a governança de políticas e procedimentos, além da arquitetura de segurança para proteger contra ameaças digitais:

- ***Cybersecurity Strategy*** (estratégia de cibersegurança): esta capability envolve o desenvolvimento e a implementação de uma estratégia de segurança cibernética abrangente. Foca em alinhar as iniciativas para negócio da organização, definindo prioridades, estabelecendo diretrizes de segurança e garantindo a alocação adequada de recursos para proteger contra ameaças cibernéticas.

- ***Cybersecurity Governance*** (governança de cibersegurança): dedicada à governança da segurança cibernética. Esta capability assegura que as políticas, procedimentos e controles estejam conforme as regulamentações e padrões da indústria. Inclui o monitoramento do cumprimento das políticas de segurança e a avaliação contínua dos riscos para garantir uma postura eficaz e atualizada.

- ***Cybersecurity Architecture*** (arquitetura de cibersegurança): foca na criação e manutenção de uma arquitetura de segurança robusta. Esta capability envolve o design e a implementação de soluções que protejam as redes, sistemas e dados da organização. Inclui a integração de tecnologias, a definição de modelos de controle de acesso e a garantia de que a segurança é uma consideração central em todas as iniciativas de TI.

***Planning & Running*** (planejamento & execução): Abrangendo a implementação prática da estratégia de segurança definida, envolvendo o planejamento, execução e gerenciamento contínuo de atividades de segurança para proteger a infraestrutura de TI, os dados e as operações da organização contra ameaças cibernéticas:

- ***Incident & Crisis Response*** (incidentes & resposta à crises): esta capability é vital para o gerenciamento e resposta a incidentes e crises de segurança cibernética. Envolve a identificação rápida de incidentes de segurança, a implementação de medidas para mitigar o impacto e a coordenação de esforços para resolver o incidente. Inclui também a comunicação eficaz com as partes interessadas durante e após o incidente, bem como a análise pós-incidente para prevenir futuras ocorrências.

- ***Information & Data Protection*** (proteção de informações & dados): esta capability é essencial para garantir a segurança e privacidade dos dados críticos da organização. Ela envolve desenvolver e implementar estratégias abrangentes para proteger informações sensíveis contra acessos não autorizados, vazamentos e outras formas de comprometimento. Isso inclui a aplicação de controles rigorosos de acesso, criptografia, backup e medidas para a prevenção de perda de dados, garantindo a integridade e a confidencialidade das informações.

- ***Infrastructure & Application Security*** (segurança de infraestrutura & aplicações): foca na proteção de infraestruturas de TI e aplicações. Esta capability envolve a implementação de medidas de segurança robustas para prevenir ataques cibernéticos e garantir a integridade dos sistemas. Inclui a aplicação de firewalls, sistemas de detecção e prevenção de intrusões, criptografia e práticas de segurança no desenvolvimento de aplicações. O objetivo é salvaguardar a infraestrutura tecnológica essencial e as aplicações críticas contra vulnerabilidades e ameaças externas e internas.

***Operation*** (operação): abordando as atividades operacionais relacionadas à segurança cibernética, garantindo que as políticas e procedimentos estabelecidos sejam efetivamente aplicados e que os sistemas e dados da organização estejam protegidos contra ameaças contínuas:

- ***Vulnerabilities Management*** (gestão de vulnerabilidades): esta capability é fundamental para a identificação, avaliação e remediação de vulnerabilidades nos sistemas de TI. Envolve a constante varredura e análise dos sistemas para descobrir falhas de segurança, classificá-las com base no risco que representam e implementar as correções necessárias. É essencial para prevenir ataques cibernéticos e garantir a integridade dos sistemas.

- ***Access & Authorization Management*** (gestão de acessos & autorizações): foca no controle rigoroso do acesso a sistemas e dados. Dependendo da organização, também atua sobre os recursos e instalações físicas. Esta capability inclui a gestão de identidades, autenticação e autorizações, assegurando que apenas usuários autorizados tenham acesso aos recursos adequados. É vital para prevenir o acesso não autorizado e proteger contra ameaças internas e externas.

- ***Certificates Management*** (gestão de certificados): dedicada à gestão de certificados digitais. Esta capability assegura a autenticidade e a segurança das comunicações e transações eletrônicas. Inclui a emissão, renovação e revogação de certificados, bem como a monitorização da sua validade e conformidade. É crucial para garantir a confiança e a integridade nas interações digitais.

## ***IT Transformation*** (transformação de TI)

A camada IT Transformation do CIO Codex Capability Framework constitui a espinha dorsal para a evolução contínua e estratégica da área de tecnologia. Isso fomenta um mindset empresarial dentro da própria TI, garante a sustentabilidade e a adaptabilidade da função de TI, equipando-a para liderar no cenário digital em constante mudança.

Com um olhar voltado para o alinhamento da TI com os objetivos corporativos mais amplos, ela avalia e dirige a estratégia de TI, incorporando uma perspectiva de mercado para garantir que a visão e missão da área estejam sincronizadas com as necessidades e direções do negócio.

Essencialmente, esta camada abraça uma governança baseada em dados para impulsionar melhorias contínuas e gerenciar eficazmente o portfólio de projetos e programas.

A gestão orçamentária e financeira também é um ponto central, com a implementação de um sistema de *billing* que reflete uma estrutura de custo-utilidade, contemplando ainda a gestão de fornecedores sob um modelo de *sourcing* estratégico.

Da mesma maneira, a parte do seu escopo, que prevê uma gestão de pessoas moderna e holística, merece destaque igualmente por percorrer todo o ciclo de vida de carreira dos colaboradores, desde a atração de talentos até o planejamento de sucessão, engajamento, formação e reconhecimento.

As *capabilities* que compõem essa camada são brevemente apresentadas a seguir, agrupadas por macro *capabilities*.

***IT Strategy*** (estratégia de TI): envolvendo o desenvolvimento de uma estratégia de TI abrangente alinhada com os objetivos e metas de negócio da empresa, além de uma estruturação clara de visão, propósito, drivers, marca e valores, as tendências de mercado:

- ***IT Strategy Management*** (gestão da estratégia de TI): esta capability centra-se no desenvolvimento e gestão da estratégia de TI, alinhando-a com os objetivos gerais da empresa. Envolve a definição de metas a longo prazo para a TI, identificação de iniciativas tecnológicas estratégicas, e garantia de que os planos de TI suportem eficazmente as metas de negócio. É fundamental para assegurar que a TI seja um motor de inovação e crescimento para a organização.

- ***IT Vision, Purpose, Drivers, Branding & Values Management*** (gestão da visão, propósito, direcionadores, marca & valores de TI): foca na definição e comunicação da visão, propósito, direcionadores, branding e valores da Área de Tecnologia. Esta capability é essencial para criar uma compreensão clara do papel da TI dentro da organização e para inspirar e orientar a equipe de TI. Ela ajuda a garantir que todos os esforços de TI estejam alinhados com a cultura e os valores da empresa, fomentando uma equipe unida e motivada.

- ***IT Market Analysis & Benchmarking*** (análise & benchmarking do mercado de TI): envolve a análise contínua do mercado de TI e a realização de benchmarking contra padrões da indústria e concorrentes. Esta capability permite que a organização entenda as tendências emergentes, avalie seu desempenho em relação aos pares e identifique oportunidades de melhoria e inovação. É crucial para manter a competitividade e a relevância da TI no mercado dinâmico atual.

***IT Governance*** (governança de TI): abrangendo a criação de um framework de governança que assegure o alinhamento entre os objetivos de TI e os objetivos gerais da organização, além de garantir a conformidade com as regulamentações e padrões relevantes:

- ***IT Data, Indicators & Dashboards Management*** (gestão de dados, indicadores & dashboards de TI): esta capability é essencial para a coleta, análise e apresentação de dados e indicadores chave de desempenho de TI. Envolve a criação de dashboards que permitem o monitoramento efetivo do desempenho e o suporte à tomada de decisões baseadas em dados, facilitando a visão clara da eficácia das operações de TI.

- ***IT Continuous Improvement & Performance Management*** (gestão da melhoria contínua & desempenho de TI): foca na melhoria contínua dos processos e serviços de TI. Esta capability envolve a identificação e implementação de melhorias para aumentar a eficiência, eficácia e qualidade dos serviços de TI, além de monitorar o desempenho para garantir que os objetivos estratégicos estejam sendo atingidos.

- ***IT Portfolio Management*** (gestão do portfólio de TI): trata da gestão do portfólio de programas, projetos e iniciativas de tecnologia, garantindo que estejam alinhados com a estratégia de TI e para negócio. Esta capability é crucial para o planejamento estratégico, alocação de recursos e gestão de riscos para todos os projetos de TI, ponderando a disciplina dos métodos tradicionais e o dinamismo do modelo ágil.

- ***IT Quality Management*** (gestão da qualidade de TI): envolve a garantia da qualidade dos serviços e processos de TI. Esta capability foca na implementação de padrões de qualidade, na condução de auditorias e revisões e na promoção de práticas que assegurem a entrega de serviços de TI de alta qualidade.

- ***IT Productivity Management*** (gestão da produtividade de TI): dedicada à otimização d produtividade da equipe de TI e dos recursos tecnológicos. Esta capability inclui a avaliação de processos e a implementação de ferramentas e técnicas que aumentem a eficiência operacional da TI.

- ***IT Communication Management*** (gestão da comunicação de TI): foca na gestão eficaz da comunicação não apenas dentro da equipe de TI, mas também entre a TI e outras partes da organização. Essencial para garantir que informações importantes sejam compartilhadas de forma clara e oportuna, facilitando a colaboração e o entendimento mútuo.

- ***IT Collaboration & Knowledge Management*** (gestão da colaboração & conhecimento de TI): envolve a promoção da colaboração e gestão do conhecimento dentro da equipe de TI. Esta capability é fundamental para criar um ambiente onde o compartilhamento de informações e experiências é incentivado, contribuindo para a inovação e eficácia organizacional.

- ***IT Regulatory, Audit & Compliance Management*** (gestão de regulatório, auditoria & compliance de TI): essencial para garantir que a TI esteja conforme as leis, regulamentos e normas. Inclui a gestão de auditorias, a identificação de riscos de conformidade e a implementação de controles para assegurar o cumprimento das obrigações regulatórias.

- ***IT Risk Management*** (gestão de riscos de TI): trata da identificação, análise e mitigação de riscos associados às operações de TI. Esta capability é crucial para a gestão proativa de riscos, assegurando que as ameaças sejam identificadas e tratadas para minimizar o impacto negativo nas operações de TI e na organização inteira.

***IT Finance*** (finanças de TI): englobando a estruturação, planejamento e controle das finanças de TI, assegurando que os recursos sejam utilizados de maneira eficaz e alinhados com os objetivos estratégicos do negócio:

- ***Business Charging & Billing Management*** (gestão de cobrança & faturamento do negócio): esta capability foca na gestão eficiente dos processos de cobrança e faturamento relacionados aos serviços de TI. Inclui a definição de modelos de precificação, a implementação de sistemas de cobrança e a garantia de que os custos dos serviços de TI sejam cobrados de forma justa e transparente aos departamentos ou clientes internos. É essencial para assegurar que a TI opere de forma financeiramente sustentável e alinhada com as práticas de mercado.

- ***IT Budget Management*** (gestão do orçamento de TI): dedicada ao planejamento, alocação e monitoramento do orçamento de TI. Esta capability envolve a elaboração de orçamentos detalhados que reflitam as necessidades e prioridades da organização, a alocação eficiente de recursos e o acompanhamento contínuo dos gastos em relação ao orçamento. Ela é crucial para manter o controle financeiro e garantir que os investimentos em TI sejam estratégicos e responsáveis.

- ***IT Financial Performance Management*** (gestão do desempenho financeiro de TI): foca na avaliação e gestão do desempenho financeiro da Área de Tecnologia. Esta capability envolve a análise de métricas financeiras, como retorno sobre investimento (ROI) e custo total de propriedade (TCO), para avaliar a eficiência financeira das iniciativas de TI. É fundamental para entender o valor gerado pela TI e orientar decisões financeiras estratégicas que suportem os objetivos de negócio da organização.

***IT Vendor*** (fornecedores de TI): abrangendo a estratégia, seleção, gestão e avaliação de fornecedores e parceiros de TI, garantindo que os serviços e produtos adquiridos estejam alinhados com as necessidades e objetivos estratégicos da empresa:

- *IT Supply Strategy* (estratégia de suprimento de TI): esta capability é crucial para definir a estratégia de fornecimento de TI da organização. Envolve a avaliação de necessidades, a identificação de fornecedores potenciais e a elaboração de uma abordagem estratégica para a aquisição de tecnologias e serviços. Esta estratégia visa garantir que as escolhas de fornecimento estejam alinhadas com o negócio da empresa, maximizando o valor e minimizando os riscos.

- *IT Supply Management* (gestão do suprimento de TI): foca no gerenciamento efetivo dos fornecedores e dos recursos adquiridos. Inclui o monitoramento e avaliação do desempenho dos fornecedores, a gestão de contratos e a garantia de que os serviços e produtos fornecidos atendam aos padrões de qualidade e desempenho exigidos. É essencial para manter relações positivas e produtivas com os fornecedores, assegurando um fornecimento contínuo e eficiente.

- *IT Contracts & Suppliers Management* (gestão de contratos & Fornecedores de TI): dedicada à gestão de contratos e relacionamentos com fornecedores de TI. Envolve a negociação de contratos, a garantia de conformidade com os termos acordados e a gestão de relacionamentos para assegurar que os fornecedores atendam às expectativas da organização. Esta capability é crucial para a gestão eficaz de custos, riscos e benefícios associados aos fornecedores de TI.

***IT People*** **(pessoas de TI)**: abrangendo os aspectos relacionados à gestão de pessoas na área de TI, desde o recrutamento e retenção de talentos até o desenvolvimento de carreira e a gestão de desempenho, em uma demonstração concreta da importância que deve ser dada ao ativo mais importante de TI, as pessoas:

- *IT Organization Chart Management* (gestão da estrutura organizacional de TI): Esta capability envolve o planejamento e a gestão da estrutura organizacional da equipe de TI. Inclui a definição de papéis, responsabilidades e hierarquias para assegurar que a equipe esteja alinhada com as estratégias de negócio e de TI, promovendo eficiência e eficácia operacional.

- ***People Talent Attraction & Retention Management*** (gestão da atração & retenção de talentos): foca em atrair e reter talentos de alta qualidade para a equipe de TI. Envolve a implementação de estratégias para identificar e recrutar profissionais qualificados, além da criação de um ambiente de trabalho que incentive a permanência e o desenvolvimento dos colaboradores existentes.

- ***People Onboarding Management*** (gestão da integração de pessoas): dedicada à integração eficaz de novos membros na equipe de TI. Esta capability inclui a orientação, treinamento e suporte necessários para garantir que os novos colaboradores se adaptem rapidamente e contribuam efetivamente para a equipe.

- ***People Engagement Management*** (gestão do engajamento de pessoas): foca na promoção do engajamento e da motivação da equipe de TI. Envolve a criação de um ambiente de trabalho positivo, oportunidades para desenvolvimento profissional e reconhecimento do desempenho, contribuindo para a satisfação e produtividade dos colaboradores.

- ***People Learning Management*** (gestão do aprendizado de pessoas): esta capability envolve o desenvolvimento, e a implementação de programas de treinamento e desenvolvimento para a equipe de TI. Assegura que os colaboradores tenham as habilidades e conhecimentos necessários para atender às demandas tecnológicas e de negócios atuais e futuras.

- ***People Performance Management*** (gestão do desempenho de pessoas): dedicada à avaliação e gestão do desempenho dos colaboradores de TI. Inclui a definição de objetivos, a avaliação do desempenho e a implementação de feedback e planos de melhoria para garantir que os colaboradores alcancem seu potencial máximo, ponderando aspectos individuais e de equipe.

- ***People Rewards & Recognition Management*** (gestão da premiação & reconhecimento de pessoas): foca no reconhecimento e recompensa dos colaboradores de TI por seu desempenho e contribuições. Esta capability envolve a implementação de sistemas de recompensas e programas de reconhecimento para motivar e valorizar os membros da equipe.

- ***People Compensation & Benefits Management*** (gestão da remuneração & benefícios de pessoas): envolve a gestão da compensação e dos benefícios oferecidos aos colaboradores de TI. Assegura que os pacotes de remuneração e benefícios sejam competitivos e alinhados com as práticas do mercado, contribuindo para a atração e retenção de talentos.

- ***People Career Lifecycle Management*** (gestão do ciclo de vida de carreira de pessoas): trata da gestão de toda a trajetória de carreira dos colaboradores dentro da equipe de TI. Inclui o planejamento de carreira, promoções, transferências e planos de sucessão, garantindo que os colaboradores tenham oportunidades de crescimento e desenvolvimento ao longo de sua carreira na organização.

## Convergência com *Frameworks* de mercado

No contexto contemporâneo de Tecnologia da Informação, a evolução gradativa e contínua dos últimos anos (ou mesmo décadas) levou a uma grande variedade a proliferação de *frameworks* de gestão e operação, sinalizando uma busca contínua por eficiência, governança e melhoria de processos.

Neste sentido, quando aqui é apresentado o CIO Codex Capability Framework, é considerado que a convergência e o alinhamento com os principais *frameworks* de mercado é não apenas uma prática recomendada, mas uma necessidade estratégica para organizações que visam excelência operacional e competitividade.

Por sua vez, a possibilidade de um *framework* unificado, que integra e se alinha com as principais metodologias do mercado, promove uma visão holística que harmoniza as melhores práticas, ao mesmo tempo que contextualiza a estratégia e a operação de TI em um único compêndio coeso.

A implementação de um *framework* unificado oferece uma série de benefícios estratégicos. Ele estabelece um norte comum que guia todas as atividades de TI, do planejamento à execução, assegurando que diferentes processos e iniciativas sejam alinhados com objetivos empresariais claros e mensuráveis.

Este alinhamento também simplifica a comunicação interna e externa, por fornecer uma linguagem comum que todos os stakeholders podem compreender e adotar.

Além disso, a consistência trazida por um *framework* unificado ajuda a mitigar riscos, otimizar recursos e assegurar uma resposta ágil às mudanças ambientais ou estratégicas.

A fim de dar robustez e lastro ao seu conteúdo e conceitos, foram considerados aspectos de diversos *frameworks* de mercado, assim como as suas contribuições individuais para a TI:

- ***COBIT* (*Control Objectives for Information and Related Technologies*)**: focado em governança e gerenciamento de TI, o COBIT é reconhecido por estabelecer os princípios fundamentais que orientam a TI a alinhar-se para negócio, entregando valor e gerenciando riscos eficientemente.

- ***ITIL*** (***Information Technology Infrastructure Library***): este framework é conhecido por suas práticas abrangentes na gestão de serviços de TI, enfatizando a alinhamento dos serviços de TI com as necessidades dos negócios e a melhoria contínua dos processos.

- ***SAFe*** (***Scaled Agile Framework***): SAFe é amplamente adotado por organizações que buscam escalar práticas ágeis para níveis empresariais, permitindo a agilidade em grande escala com alinhamento, colaboração e entrega de valor rápida e eficiente.

- ***PMI*** (***Project Management Institute***): oferece metodologias e certificações reconhecidas no gerenciamento de projetos, com ênfase em práticas que garantem a entrega de projetos no escopo, tempo e custo acordados.

- ***CMMI*** (***Capability Maturity Model Integration***): utilizado para avaliar e melhorar os processos de desenvolvimento e manutenção de produtos e serviços, o CMMI é um modelo de maturidade que ajuda as organizações a otimizarem seus processos para melhorar o desempenho.

- ***TOGAF*** (***The Open Group Architecture Framework***): especializado em arquitetura empresarial, o TOGAF forneceuma abordagem sistemática para o design, planejamento, implementação e governança de uma arquitetura de TI corporativa.

- ***DevOps SRE*** (***Site Reliability Engineering***): inspirando-se em princípios de engenharia de software para gerenciar operações de sistemas em larga escala, o DevOps SRE promove uma colaboração mais estreita entre equipes de desenvolvimento e operações, com foco em automação e confiabilidade.

- ***NIST*** (***National Institute of Standards and Technology***): oferece frameworks de segurança cibernética e melhores práticas para proteger sistemas de informação contra riscos e vulnerabilidades.

- ***Six Sigma***: Este framework é reconhecido por sua rigorosa abordagem estatística para a melhoria de processos, visando a redução de defeitos e a melhoria da qualidade e eficiência.

- ***Lean IT***: Baseado nos princípios da produção enxuta, o Lean IT foca na criação de valor para o cliente com o mínimo de desperdício, promovendo processos mais eficientes e eficazes.

A integração destes *frameworks* em um modelo unificado permite que uma organização aproveite as forças de cada um, enquanto cria uma estrutura coesa que impulsiona a maturidade de TI.

Dentro deste contexto, o CIO Codex Capability Framework visa fornecer uma perspectiva abrangente e panorâmica sobre as capacidades requeridas em uma área de Tecnologia da Informação, visando proporcionar uma visão integrada e holística nesse domínio.

Este *framework*, em sua essência, não almeja rivalizar com os *frameworks* especializados já estabelecidos no mercado, pelo contrário, ele visa estabelecer uma sinergia com eles, agindo como um agregador que promove uma visão panorâmica e coesa das diversas perspectivas de uma área de tecnologia.

Ao invés de tentar replicar a profundidade destes *frameworks*, o CIO Codex busca integrá-los numa visão mais abrangente, facilitando uma compreensão global das capacidades necessárias para a gestão eficaz de TI.

Esta abordagem reconhece que, enquanto o CIO Codex oferece uma visão macro, os *frameworks* especializados fornecem *insights* detalhados e específicos necessários para a implementação prática em diversas áreas específicas de TI.

Em resumo, o CIO Codex Framework é uma ferramenta valiosa para líderes e executivos de TI, proporcionando uma visão panorâmica dos principais conceitos de TI, ao mesmo tempo que respeita e utiliza as contribuições profundas oferecidas pelos frameworks especializados do mercado.

E a partir desta perspectiva integrada, oferece aos líderes de executivos de TI a base conceitual para enfrentar os desafios e capitalizar as oportunidades da era digital, explorando a dinâmica entre tecnologia e negócios.

Acesse o QR Code para saber mais.

https://ciocodex.com/cio-codex-framework/it-reference-model/

# Conclusão

Chegamos, enfim, ao final desta jornada literária e eu gostaria de iniciar este último capítulo agradecendo pela atenção e pela sua paciência, leitor.

Sua dedicação em percorrer cada página até aqui é profundamente apreciada e espero que tenha sido uma experiência enriquecedora e instigante para você (posso afirmar que criar este livro o foi para mim).

Este livro marca uma importante etapa em minha trajetória, sendo minha primeira obra "solo". Até então, minha experiência na escrita se restringiu à colaboração em capítulos de livros coletivos, o que apesar de desafiador, não se compara à complexidade de se gerar uma narrativa única capaz de abordar um livro inteiro.

Neste contexto, um dos meus grandes desafios foi integrar dois temas aparentemente distintos, mas que, no fundo, estão profundamente correlacionados.

A Parte I deste livro é uma narrativa pessoal, na qual compartilho minha trajetória de vida, incluindo a minha saga, a catarse e a epifania que marcaram meu caminho até aqui. Esta seção é, por natureza, mais intimista e escrita em primeira pessoa, o que, creio eu, permite uma conexão mais direta e emocional com o leitor.

Em contraste, a Parte II aborda o CIO Codex Framework, apresentando conceitos e temas técnicos de uma maneira ampla e estruturada. Esta seção a e objetiva.

Falando da Parte I, meu objetivo foi narrar minhas principais passagens de vida, destacando aprendizados e conexões que, posteriormente, influenciaram a criação do CIO Codex Framework.

Esta narrativa não é apenas uma autobiografia, mas um testemunho das lições que a vida me proporcionou e que podem ressoar em muitos de vocês, mostrando que nossos planos iniciais são apenas o começo de uma jornada muito maior.

Já na Parte II, a prioridade foi abordar a amplitude e a abrangência dos temas do CIO Codex Framework, em vez de aprofundar em cada um deles, pois um detalhamento exaustivo transformaria este livro em uma obra demasiadamente extensa e, possivelmente, menos acessível.

Assim, optei por fornecer uma visão geral, esperando instigar a curiosidade e o interesse dos leitores a explorarem os temas mais profundamente conforme sua necessidade.

Espero que ambas as partes deste livro sejam úteis para você leitor, cada uma à sua maneira, por conta do próprio propósito e estrutura de cada qual.

A primeira parte pode servir como uma fonte de identificação e inspiração, mostrando que as reviravoltas da vida não são em vão e que cada experiência contribui para a construção da nossa "catedral pessoal" de competências na busca pela excelência.

Já a segunda parte pode ser muito útil para profissionais, equipes e organizações, proporcionando uma maior clareza sobre todo o universo de temas que envolve uma TI pronta e preparada para encarar e criar a era digital.

A própria organização da segunda parte é, em si, uma estruturação lógica das grandes ideias que ajudam a explicar o "Porquê a TI é essencial na era digital", o "Como a TI pode ser bem-sucedida" e o "O que uma TI precisa para estar pronta para o futuro".

Espero que esta visão panorâmica do todo desperte em você a curiosidade de explorar mais profundamente os temas que considerarem mais interessantes, relevantes ou mesmo urgentes para você, sua equipe ou sua empresa.

Convido você a visitar o portal ciocodex.com, que pode ser um excelente ponto de partida nesta jornada de evolução contínua.

Finalizo reiterando meu agradecimento e desejando muito sucesso em suas jornadas pessoais e profissionais.

Que este livro tenha sido apenas o começo de uma nova fase de aprendizado e crescimento para todos nós.

Muito obrigado!

Arthur De Santis

# Bibliografia

Aqui são consolidadas as principais fontes literárias, *frameworks* de mercado, consultorias, empresas de tecnologia e portais de referência que auxiliaram a elaboração deste livro, de forma que cada uma dessas fontes ofereceu *insights* das melhores práticas em tecnologia, inovação e gestão.

## Livros


- **Sinek, Simon. Comece pelo porquê. Editora Sextante, 2018:** o autor aborda a importância de começar qualquer empreendimento com um propósito claro. Por exemplos inspiradores, ele demonstra como grandes líderes e organizações prosperam ao se concentrarem no "porquê" antes do "como" e do "o quê". A edição atualizada inclui novas pesquisas e insights sobre liderança e propósito.

- **Covey, Stephen R. Os 7 hábitos das pessoas altamente eficazes. Editora Best Seller, 2010:** este clássico da literatura de desenvolvimento pessoal e empresarial apresenta um modelo baseado em princípios universais para alcançar a eficácia pessoal e profissional. O autor detalha sete hábitos que transformam a abordagem à vida e ao trabalho, promovendo uma maior produtividade e satisfação.

- **Ismail, Salim. Organizações exponenciais. Editora HSM, 2015:** o autor explora as características das organizações que crescem de maneira exponencial, em contraste com as empresas tradicionais. Ele apresenta uma nova mentalidade empresarial, baseada em tecnologia e inovação, que permite uma escalabilidade rápida e eficiente. Esta edição atualizada traz novos estudos de caso e estratégias para a transformação digital.

- **Johnson, Steven. De onde vêm as boas ideias. Editora Zahar, 2021:** o autor investiga as condições que propiciam a geração de ideias inovadoras. Por uma análise histórica e científica, ele revela os padrões e ambientes que fomentam a criatividade e a inovação. A edição atual inclui novas análises sobre a evolução das ideias no contexto digital contemporâneo.

- **Coyle, Daniel. Culture Code. Editora Bantam Books, 2018:** o autor examina os elementos fundamentais que constituem culturas organizacionais bem-sucedidas. Ele oferece um guia prático para líderes que desejam criar ambientes de trabalho coesos e produtivos. Com estudos de caso atualizados, esta edição proporciona *insights* sobre como construir e manter uma cultura forte.

- **Lane, Dean. CIO Wisdom. Editora Prentice Hall, 2004:** o autor oferece uma visão abrangente sobre a função do CIO e os desafios enfrentados pelos líderes de TI. Com base em entrevistas e experiências de profissionais da área, o livro aborda temas como governança, estratégia e gestão de mudanças. Ele fornece conselhos práticos e exemplos reais para ajudar os CIOs a navegarem em um ambiente corporativo complexo e em constante evolução.

- **Porter, Michael E. Vantagem Competitiva. Editora Campus, 1989:** o autor apresenta neste clássico uma análise detalhada das forças competitivas que moldam as estratégias empresariais. O autor descreve conceitos como as cinco forças de Porter e a cadeia de valor, fornecendo um guia orientador para as empresas alcançarem uma vantagem competitiva sustentável. A obra é essencial para entender as dinâmicas de mercado e desenvolver estratégias eficazes.

- **Womack, James P., e Jones, Daniel T. Lean Thinking. Editora Simon & Schuster, 1996:** os autores exploram o conceito de pensamento enxuto (*lean thinking*) e suas aplicações na indústria. Eles descrevem os princípios do sistema de produção enxuta, originado no Japão, e como ele pode ser utilizado para eliminar desperdícios e aumentar a eficiência. O livro inclui estudos de caso de empresas que implementaram com sucesso a filosofia lean.

- **Meir, Roberto e Domeneghetti, Daniel. Feitas para o Cliente. Editora Alta Books, 2016:** os autores abordam a importância de colocar o cliente no centro das estratégias empresariais. Com base em casos de sucesso e práticas de mercado, os autores explicam como as empresas podem criar experiências memoráveis e fidelizar seus clientes. O livro é um guia prático para líderes que buscam transformar suas organizações em verdadeiras "empresas feitas para o cliente".

- **Diniz, Arthur. Líder do Futuro. Editora Perfil Editorial, 2012:** o autor explora as características e competências necessárias para os líderes do futuro. O autor discute a importância da adaptabilidade, da inteligência emocional e da visão estratégica em um ambiente de negócios em constante mudança. Ele oferece insights valiosos e exemplos práticos para ajudar os líderes a desenvolverem suas habilidades e a prepararem suas equipes para os desafios futuros.

## Frameworks de Mercado


- **Axelos. ITIL Foundation ITIL 4 Edition. The Stationery Office (TSO), 2019:** O ITIL 4 é a mais recente evolução do *framework* ITIL, que fornece uma abordagem prática e flexível para a gestão de serviços de TI. Este guia é fundamental para profissionais que buscam alinhar os serviços de TI com as necessidades dos negócios, promovendo uma entrega de serviços mais ágil e eficiente.

- **Google. Site Reliability Engineering: How Google Runs Production Systems. O'Reilly Media, 2016:** O livro sobre DevOps SRE da Google detalha as práticas e princípios que sustentam a engenharia de confiabilidade de sites. Ele fornece uma visão abrangente sobre como implementar e manter sistemas altamente disponíveis e resilientes, destacando a importância da colaboração entre desenvolvimento e operações.

- **ISACA. COBIT 2019 Framework: Governance and Management Objectives. ISACA, 2019:** O COBIT 2019 oferece um *framework* atualizado para a governança e gestão de TI. Desenvolvido pela ISACA, este *framework* é essencial para organizações que buscam alinhar suas estratégias de TI com os objetivos empresariais, assegurando o cumprimento de metas de conformidade, risco e desempenho.

- **PMI. A Guide to the Project Management Body of Knowledge (PMBOK® Guide) - Seventh Edition. Project Management Institute, 2021:** O PMBOK 7 oferece um guia atualizado para a gestão de projetos, incorporando práticas ágeis e tradicionais. Ele é uma referência indispensável para gerentes de projeto que buscam desenvolver habilidades e conhecimentos necessários para gerenciar projetos complexos em um ambiente dinâmico.

- **Scaled Agile, Inc. SAFe 6.0 for Lean Enterprises. Scaled Agile, Inc., 2022:** O SAFe 6 é uma versão atualizada do *framework* SAFe, que fornece diretrizes para implementar o Agile em larga escala. Ele é essencial para organizações que buscam melhorar a eficiência e a eficácia de seus processos de desenvolvimento de software, promovendo uma cultura de melhoria contínua.

## Consultorias, Empresas de Tecnologia e Portais

- **Accenture. "Insights and Innovation in Technology" Accenture, 2024** (https://www.accenture.com/us-en/insights-index)**:** A Accenture oferece uma vasta gama de artigos e insights sobre inovação e tecnologia, abordando tendências emergentes e estratégias para a transformação digital. Este portal é uma fonte valiosa de informações para líderes de TI e negócios que buscam se manter atualizados com as últimas tendências do setor.

- **Bain & Company. "Insights and Ideas that Drive Innovation" Bain & Company, 2024** (https://www.bain.com/insights)**:** O portal de insights da Bain & Company disponibiliza artigos detalhados sobre inovação, estratégia e operações. Ele é uma fonte valiosa de conhecimento para executivos que desejam implementar mudanças transformacionais em suas organizações, com base em pesquisas rigorosas e casos de sucesso.

- **Boston Consulting Group (BCG). "Publications and Research" BCG, 2024** (https://www.bcg.com/publications)**:** A BCG publica uma vasta coleção de pesquisas e artigos que cobrem temas como digitalização, sustentabilidade e vantagem competitiva. Seu portal é uma referência crucial para profissionais que buscam estratégias baseadas em dados para melhorar o desempenho e a competitividade de suas empresas.

- **CIO Online. "Technology News and Analysis" CIO Online, 2024** (https://www.cio.com)**:** O portal CIO Online fornece análises detalhadas e notícias sobre tecnologia da informação, cobrindo tópicos como governança de TI, segurança cibernética, e transformação digital. É uma referência essencial para executivos de TI que desejam obter insights práticos e estratégicos.

- **Deloitte. "Our Thinking: Insights and Analysis" Deloitte, 2024** (https://www.deloitte.com/global/en/our-thinking)**:** A Deloitte oferece uma ampla gama de artigos e análises sobre diversos setores e temas, incluindo transformação digital, sustentabilidade e gestão de risco. Seu portal "Our Thinking" é uma referência essencial para líderes de negócios e tecnologia que buscam insights profundos e soluções práticas para os desafios contemporâneos.

- **Gartner. "Gartner Insights" Gartner, 2024** (https://www.gartner.com/en/insights)**:** A Gartner é conhecida por suas pesquisas e análises aprofundadas sobre tecnologia e mercado. Seu portal de insights oferece relatórios e previsões que são fundamentais para a tomada de decisões estratégicas em TI e negócios.

- **IBM. "Think Blog: Innovation and Technology" IBM, 2024** (https://www.ibm.com/think)**:** O portal Think da IBM aborda temas como inteligência artificial, nuvem, e transformação digital, fornecendo insights e estudos de caso sobre as últimas inovações tecnológicas. É uma fonte confiável para profissionais que buscam compreender o impacto das novas tecnologias nos negócios.

- **McKinsey & Company. "Digital Insights" McKinsey Digital, 2024** (https://www.mckinsey.com/capabilities/mckinsey-digital/our-insights): A McKinsey Digital oferece uma coleção abrangente de artigos sobre transformação digital, abordando desde a estratégia até a implementação. Seu portal é uma referência para líderes que buscam transformar suas organizações através da tecnologia.

- **Microsoft. "Microsoft Source: Innovation and Technology News" Microsoft, 2024** (https://news.microsoft.com/source): O portal Microsoft Source oferece notícias e artigos sobre inovação tecnológica, incluindo inteligência artificial, computação em nuvem e segurança cibernética. É uma fonte confiável de informações para líderes de TI que desejam estar na vanguarda das tecnologias emergentes e suas aplicações práticas nos negócios.

- **MIT Sloan Management Review. "Insights for Leaders: Business and Technology" MIT Sloan Review, 2024** (https://sloanreview.mit.edu): A MIT Sloan Management Review publica artigos e pesquisas sobre a interseção entre negócios e tecnologia, com foco em inovação, liderança e gestão. Seu portal é uma referência essencial para acadêmicos e profissionais que buscam as últimas tendências e práticas recomendadas para impulsionar o desempenho organizacional.

# Sobre a Brasport

Há 29 anos, a Brasport é referência em publicações de tecnologia, gestão e carreira.

Nosso catálogo, disponível em www.editorabrasport.com.br, é composto por obras que você encontra tanto em livrarias físicas, como na Amazon e em eventos especializados.

Além disso, nossas publicações estão acessíveis em uma plataforma digital que alcança 4 milhões de assinantes, distribuídos em 900 universidades e empresas.

Quer se unir a essa trajetória de sucesso? Entre em contato conosco pelo e-mail: administrativo@brasport.com.br.

BRASPORT